分県登山ガイド 29

和歌山県の山

児嶋弘幸 著

山と溪谷社

分県登山ガイド――29 和歌山県の山

目次

●本文地図主要凡例●

- 紹介するメインコース。
- 本文か脚注で紹介しているサブコース。一部、地図内でのみ紹介するコースもあります。
- Start Goal Start Goal 225m 出発点／終着点／出発点・終着点の標高数値。
- 管理人在中の山小屋もしくは宿泊施設。
- 紹介するコースのコースタイムのポイントとなる山頂。
- コースタイムのポイント。
- 管理人不在の山小屋もしくは避難小屋。

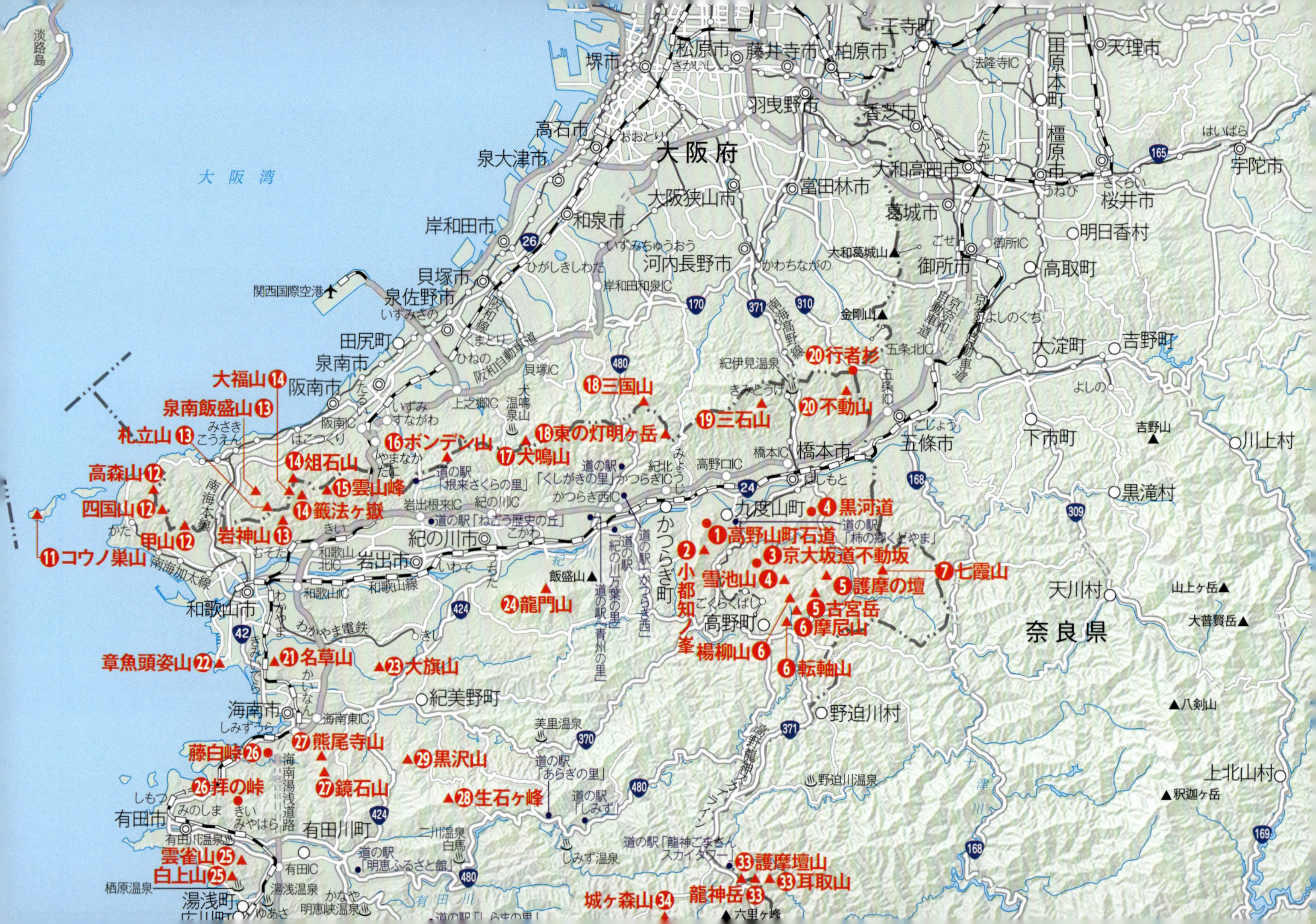

大阪湾
淡路島
関西国際空港
大阪府
奈良県
堺市
高石市
泉大津市
岸和田市
貝塚市
泉佐野市
田尻町
泉南市
阪南市
和泉市
大阪狭山市
河内長野市
富田林市
松原市
藤井寺市
柏原市
羽曳野市
香芝市
王寺町
大和高田市
葛城市
御所市
橿原市
田原本町
天理市
桜井市
宇陀市
明日香村
高取町
大淀町
吉野町
下市町
黒滝村
川上村
天川村
上北山村
野迫川村
五條市
橋本市
九度山町
高野町
かつらぎ町
紀の川市
岩出市
和歌山市
海南市
紀美野町
有田市
有田川町
湯浅町
広川町
⑪コウノ巣山
⑫高森山
⑫四国山
⑫甲山
⑬札立山
⑬泉南飯盛山
⑬岩神山
⑭大福山
⑭俎石山
⑭籤法ヶ嶽
⑮雲山峰
⑯ボンデン山
⑰犬鳴山
⑱東の灯明ヶ岳
⑱三国山
⑲三石山
⑳行者杉
⑳不動山
①高野山町石道
②小都知ノ峯
③京大坂道不動坂
④黒河道
④雪池山
⑤護摩の壇
⑤古宮岳
⑥摩尼山
⑥楊柳山
⑥転軸山
⑦七霞山
㉑名草山
㉒章魚頭姿山
㉓大旗山
㉔龍門山
㉕雲雀山
㉕白上山
㉖藤白峠
㉖拝の峠
㉗熊尾寺山
㉗鏡石山
㉘生石ヶ峰
㉙黒沢山
㉝護摩壇山
㉝耳取山
㉝龍神岳
㉞城ヶ森山
金剛山
大和葛城山
飯盛山
吉野山
山上ヶ岳
大普賢岳
八剣山
釈迦ヶ岳
六里ヶ峰

和歌山県の山 全図

▲17犬鳴山 本書で紹介する山名とコース番号
◎○ 市役所・町村役場
24 国道と国道ナンバー
高速道路・自動車専用道路
JR線
JR新幹線
私鉄線
1:450,000
0
10km
N
31長者ヶ峰
31飯盛山
32矢筈岳
30真妻山
36 37龍神山
香呉谷山37
37三星山
岩屋山36
38高尾山
39槇山
8滝尻
39潮見峠
36ひき岩群
41黒嶽
42嶽山
43三ッ森山
43半作嶺
44百間山
45 46法師山
46 47一ノ森（下川大塔）
47 48大塔山
35冷水山
35石地力山
安堵山35
赤木越え9
熊野本宮大社8
49大黒天神岳
49七越峰
10小雲取越え
10大雲取越え
52烏帽子山
53光ヶ峯
51八郎山
50嶽ノ森山
峰ノ山50
40長井坂
馬転び坂40
三重県
紀伊水道
熊野灘
由良町
日高町
美浜町
御坊市
日高川町
印南町
みなべ町
田辺市
上富田町
白浜町
すさみ町
串本町
古座川町
那智勝浦町
太地町
新宮市
紀宝町
十津川村
下北山村
北山村

概説

和歌山県の山

——児嶋弘幸

●山域の特徴

和歌山県は、「木《き》の国《くに》」が転じて、かつては「紀伊国《きいのくに》」とよばれた。「木の国」和歌山県の山は、幾千にも折り重なるように連なった山並みが特徴で、紀伊山地がそのほとんどを占めている。

和歌山県の山の大部分はスギやヒノキの植林に覆われている。しかし、植林帯以外では太平洋側を代表するカシ、クスなどの常緑広葉樹や、寒い東北地方を代表するブナなどの落葉広葉樹なども茂り、豊かな森林が広がっている。

一方で、和歌山県はユネスコの世界文化遺産に登録された2大宗教都市の「高野山《こうやさん》」「熊野三山《くまのさんざん》」をはじめ、これらを結ぶ参詣道《さんけいどう》、さらには南紀《なんき》熊野ジオパーク認定の自然景観などにも恵まれている。

和歌山県の山は、こうした豊かな森と自然のエネルギーに育まれたスピリチュアルなパワーの源といっても過言ではないだろう。

●世界文化遺産、高野山・熊野三山

年間3000ミリを超える豊かな雨水が深い森林を育む山岳地帯である紀伊山地は、神話の時代から神々が鎮まる特別な地域と考えられていた。

そして、起源や内容を異にしながらも、紀伊山地の自然がなければ成立しなかった真言密教の山上の聖地・高野山、いやしと再生を願って、人々が詣でた熊野三山といった「霊場」や「参詣道」が生まれ、日本の宗教・文化の発展と交流に大きな影響を及ぼした。

こうした結果、「世界でも類を見ない価値の高い資産」として、2004(平成16)年7月に、「紀伊山地の霊場と参詣道」がユネスコの世界文化遺産に登録された。

●奥高野の山々

奥《おく》高野は、文字通り、高野山の奥(南)、奈良県と和歌山県の県境沿いの山域で、護摩壇山《ごまだんざん》や和歌山県最高峰(1382メートル)の龍神《りゅうじん》岳《だけ》、城ケ森山《じょうがもりやま》に代表される、「紀州《きしゅう》の屋根」を構成している。

東隣の大峰《おおみね》・台高《だいこう》山脈と比べると地味な山系であるが、大塔宮《おおとうのみや》伝承の果無《はてなし》山脈、平家落人《へいけおちうど》伝説の護摩壇山をはじめ、山中には熊野と高野山をつなぐ参詣道や古道が網の目のように張りめぐらされている。かつて人々が営み、行き交った息吹を感じるところである。

また奥高野は、単に歴史伝承に限らず、ミズナラ・ブナ原生林の貴重な自然が残る山域でもある。初春の芽吹きにはじまり、5月中旬のツツジとシャクナゲの開花、10月下旬から11月初旬の紅葉といったこれら四季折々の季節が豊かな自然をたたえ、太古の歴史をもつ和歌山県の山の誇りを象徴している。

●和泉山脈

和泉《いずみ》山脈は、大阪府と和歌山県の府県境沿いを東西に走る山脈で、紀見《きみ》峠で金剛《こんごう》山脈と接してい

和歌山県の最高点(1382メートル)・龍神岳山頂。2008年に命名されるまでは無名峰だった

世界文化遺産・熊野三山のひとつ熊野本宮大社の大斎原（おおゆのはら）と熊野の山々（ちょっと寄り道展望台から）

る。和泉山脈は約55キロにも及ぶ長い山稜をなし、和泉葛城山《かつらぎさん》を中心とする紀泉《きせん》高原と、雲山峰《うんざんぼう》を主峰とする紀泉アルプスに大別できる。和泉山脈の最高峰は、南《みなみ》葛城山（922メートル）である。

和泉山脈の植生の大部分がスギやヒノキの植林に覆われているが、天然記念物の和泉葛城山のブナ林や、ススキの草原など、自然美にも恵まれている。また山岳宗教の開祖・役《えん》ノ行者《ぎょうじゃ》（役小角《えんのおづぬ》）によって開かれたという葛城二十八宿と称される行場・経塚が点在するなど、興味ひかれる山域でもある。

一方の「紀泉アルプス」と称される雲山峰周辺は、標高4百メートルほどの低山ながらミツバツツジやヤマザクラの咲く山で、登山道が網の目のように発達し、交通の便にも恵まれている。大阪府南部の市街地と和歌山市に近いこともあって、多くの登山者でにぎわう。

●紀北の山々

紀州の屋根・奥高野の山稜からは、西に龍門《りゅうもん》、長峰《ながみね》、白馬《しらま》の各山脈が紀伊水道にまで連なっている。このエリアは比較的なだらかな地形なため、林業・農産物の栽培が盛んで、林道・農道が発達している。

しかし、その中にあって、「紀州富士」龍門山、関西一のススキ原が広がる生石ヶ峰《おいしがみね》、360度の眺望の真妻山《まづまやま》、シャクナゲの花が咲く矢筈岳《やはずだけ》など、個性的な山も多い。

●紀南《きなん》・熊野の山

紀南・熊野の山は、紀伊半島南西部・田辺《たなべ》市以南の山域を指している。温暖な気候に育まれ、海岸

紀伊水道に浮かぶ友ヶ島。島内に戦時中の砲台跡などがあり、独特の雰囲気が漂う

多くの動植物が生息する豊かな環境の大塔山系

沿いの丘陵地では、広い範囲でミカンや南高梅《なんこうばい》に代表されるウメなどの栽培が盛んである。

また、海岸から一歩奥に入るとスギやヒノキの植林とともに、急峻で荒々しい山稜や岩峰が多く、渓谷の発達も著しい。

田辺層群の地殻変動によってできたとされるひき岩群《いわぐん》や龍神山《りゅうじんさん》、三星《みつぼし》連山、酸性火砕岩の岩峰・嶽《だけ》ノ森山《のもりやま》、那智原生林のある烏帽子《えぼし》山《やま》など、自然景観にも恵まれている山域である。

●大塔山系

大塔《おおとう》山系は、熊野の主峰・大塔山《さん》（1022メートル）を中心にした山域で、標高1000メートル級の山々が尾根を連ねる。大塔山から四方に張り出した尾根は、法師山《ほうしやま》や百間《ひゃっけん》山《ざん》、野竹《のたけ》法師など、複雑で急峻な地形を構成し、一枚岩で知られる古座《こざ》川や日置《ひき》川、大塔川の源を、ここ大塔山に置いている。

大塔山系は、熊野灘を流れる黒潮による「暖かさ」「湿り気」の影響を受け、年間降水量は4000ミリにも達し、全国有数の多雨地帯となっている。しかも日光が一年を通してふんだんに降り注ぐため、スダジイやウバメガシ、ヤブツバキなどを主体とした、常緑の照葉樹林の森を発展させている。

雪景色の高野山・不動坂口女人堂

大塔山系の森は、照葉樹林と、ブナ、ミズナラなどの落葉広葉樹、さらにはモミ、ツガなどの針葉樹、シャクナゲやアケボノツツジ、ミツバツツジなども混じって、うっそうとした豊かな森が広がる、自然の宝庫である。

●山行上の注意

和歌山県の山のほとんどは、標高1000メートルにも満たない低山である。その上、登山としての派手さに乏しく、登山者が少ないのが現実である。しかし一方では世界文化遺産に登録された高野山、熊野三山を中心に、参詣道や熊野古道の整備が進み、観光客やハイカーが増加しつつある。

また、和歌山県の山は自然の奥深さを体感できるエリアがある一方で、道標、休憩舎などが整備されたエリアが同居している。

こうした状況はややもすると、ちょっとした気の緩みとなり、大事故につながる恐れがある。道迷いなどに備えた地図と磁石の携行はもちろんであるが、十分な装備計画とプランニングを心がけて、「和歌山県の山」を存分に楽しんでいただきたい。

5月の山中を彩るシロヤシオの花（冷水山）

山中には水量豊富な滝も数多く存在する（真妻山・大滝）

西国三十三所第一番札所・青岸渡寺の三重塔と那智の滝（左）

小雲取越え・堂ノ坂を行く。高野山の参詣道や熊野古道には苔むした石畳の道が残る

本書の使い方

■日程　和歌山市、田辺市などの各都市を起点に、アクセスを含めて、初・中級クラスの登山者が無理なく歩ける日程としています。

■歩行時間　登山の初心者が無理なく歩ける時間を想定しています。ただし休憩時間は含みません。

■歩行距離　2万5000分ノ1地形図から算出したおおよその距離を紹介しています。

■累積標高差　2万5000分ノ1地形図から算出したおおよその数値を紹介しています。は登りの総和、は下りの総和です。

■技術度　5段階で技術度・危険度を示しています。は登山の初心者向きのコースで、比較的安全に歩けるコース。は中級以上の登山経験が必要で、一部に岩場やすべりやすい場所があるものの、滑落や落石、転落の危険度は低いコース。は読図力があり、岩場を登る基本技術を身につけた中～上級者向きで、ハシゴやクサリ場など困難な岩場の通過があり、転落や滑落、落石の危険度があるコース。は登山に充分な経験があり、岩場や雪渓を安定して通過できる能力がある熟達者向き、危険度の高いクサリ場や道の不明瞭なやぶがあるコース。は登山全般に高い技術と経験が必要で、岩場や急な雪渓など、緊張を強いられる危険箇所が長く続き、滑落や転落の危険が極めて高いコースを示します。『和歌山県の山』の場合、が最高ランクになります。

■体力度　登山の消費エネルギー量を数値化することによって安全登山を提起する鹿屋体育大学・山本正嘉教授の研究成果をもとにランク付けしています。ランクは、①歩行時間、②歩行距離、③登りの累積標高差、④下りの累積標高差に一定の数値をかけ、その総和を求める「コース定数」に基づいて、10段階で示しています。が1、が2となります。通常、日帰りコースは「コース定数」が40以内で、～（1～3ランク）。激しい急坂や危険度の高いハシゴ場やクサリ場などがあるコースは、これに～（1～2ランク）をプラスしています。また、山中泊するコースの場合は、「コース定数」が40以上となり、泊数に応じて～もしくはそれ以上がプラスされます。『和歌山県の山』の場合、が最高ランクになります。

紹介した「コース定数」は登山に必要なエネルギー量や水分補給量を算出することができるので、疲労の防止や熱中症予防に役立てることもできます。体力の消耗を防ぐには、下記の計算式で算出したエネルギー消費量（脱水量）の70～80㌫程度を補給するとよいでしょう。なお、夏など、暑い時期には脱水量はもう少し大きくなります。

	時間の要素		距離の要素		重さの要素
行動中のエネルギー消費量（kcal） =	1.8×行動時間（h）	+	0.3×歩行距離（km） + 10.0×上りの累積標高差（km） + 0.6×下りの累積標高差（km）	×	体重（kg）+ザック重量（kg）
＊kcalをmlに読み替えるとおおよその脱水量がわかります	山側の情報 ―「コース定数」				登山者側の情報

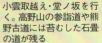

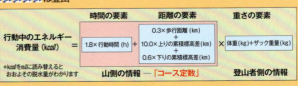

01

真言密教の山上の聖地・高野山への表参詣道を歩く

高野山町石道

こうやさんちょういしみち
848m(高野山大門)

日帰り

歩行時間=7時間10分
歩行距離=21・3km

技術度 ★★☆☆☆
体力度 ★★☆☆☆

コース定数	=**38**
標高差	=774m
累積標高差	↗1765m ↘1041m

高野山町石道は、弘法大師空海《こうぼうだいししくうかい》が高野山を開いたとき、参詣者の案内のために木製の卒塔婆を立てたのがはじまりとされる。檀上伽藍《だんじょうがらん》の根本大塔《こんぽんだいとう》を中心に、慈尊院《じそんいん》までの百八十町、奥の院までの三十六町の道筋に、梵字と町石を刻んだ石塔が一町ごとに立ち並ぶ。

高野山町石道はここ根本大塔を中心に慈尊院までの百八十町、奥の院までの三十六町の道筋に町石が立てられている

南海**九度山《くどやま》駅**前の五ツ辻を直進し、紀《き》の川畔の**慈尊院**へと向かう。慈尊院は弘法大師空海が、高野山開創の際、表玄関として伽藍を創建したのがはじまりという。丹生《にう》官省符《かんしょうぶ》神社への参道の石段途中に、最初の町石「百八十町」が立てられている。石段を上がると、丹生官省符神社へと迎えられる。

町石に導かれながら、谷沿いの道を進む。果樹園の間を登り**展望台**へ。眼下に紀の川、和泉《いずみ》山脈の眺望が開けている。ひと休憩ののち、なおも果樹園の間を登る。樹林帯に入ると緩やかな起伏の町石道が続く。やがて4方向に道が通じる**六本杉《ろっぽんすぎ》峠**に出る。まっすぐは笠松《かさまつ》峠、その左横が天野《あまの》への道で、ここは左手前の道へ。町石道で最も美しいとされるコースを行く。

百二十四町石の**古《ふる》峠**を経て、**二《ふた》ツ鳥居《とりい》**へ。眼下に天野の里が広がっている。緩やかな下りとなり、右に応其《おうご》池、左に神田《こうだ》の**地蔵堂**を経て、ゴルフ場との境界線をたどる。ほどなく、八十六町の町石が立つ**笠木《かさぎ》峠**に出る。その先も高低差の少ない快適な道が続く。やが

■鉄道・バス
往路=南海高野線九度山駅。
復路=千手院橋バス停から南海りんかんバスで南海高野山ケーブル高野山駅へ。

■マイカー
京奈和道高野口ICから国道24号、県道13号で道の駅柿の郷くどやまへ。道の駅に駐車後、本コースを歩き、帰路に、鉄道・バスを利用して戻るとよい。

■登山適期
通年可。新緑は5月上旬~中旬、紅葉は10月下旬~11月上旬がベスト。また、1月中旬~2月中旬には積雪があり、初心者向きの雪山ハイクが楽しめる。

■アドバイス
▽高野山町石道は南海高野線と並行しており、エスケープルートとして利用できる。古峠からは下古沢駅、または上古沢駅へ。笠木峠からは上古沢駅へ。矢立峠からは紀伊細川駅

慈尊院から丹生官省符神社へと向かう

CHECK POINT

1 慈尊院からの119段の石段を登ったところに建つ丹生官省符神社拝殿

2 高野山町石道の柿畑に立つ百六十三町石。背後に紀の川を望む

3 一里石と百四十四町石が並んで立つ

4 六本杉峠からは高野山町石道で最も美しくなだらかな道。百三十三町石が立つ

5 豊臣秀吉から高野山一山を救ったとされる応其上人築造の応其池

6 八十六町石のすぐ先が笠木峠。峠を左に下ると上古沢駅、右は町石道

7 巨大な杉並木が続く九十九折谷の三十二町石

8 高野山一山の総門である高野山大門。大門をくぐって高野山内に入る

慈尊院多宝塔

高野山・蛇腹道の紅葉

て**矢立《やたて》峠**に下って車道を横断し、五十町坂の登りにかかる。袈裟掛《けさが》け岩、押上《おしあげ》岩など、弘法大師空海を感じる道だ。山襞をぬいながら、緩やかに高度を上げていく。

再び車道を横断すると**四十町石**で、すぐ先に展望台がある。巨大な杉並木の道が続き、急坂をいっきに登り**高野山大門《だいもん》**へ。大門をくぐった先に六町石が立つ。高野山内の舗装道を進み、**根本大塔**へ。紅葉の美しい蛇腹《じゃばら》道を抜けると**千《せん》手院橋《じゅいんばし》バス停**はすぐだ。

へ出ることができる。体力に応じて、コース設定しよう。

▽天野の里にはかつらぎ町コミニティバスが運行されており、エスケープとして利用できる（JR和歌山線笠田駅へ約30分・1日6便）。

▽高野山大門バス停から南海高野山駅へ南海りんかんバスで戻れる。ただしバスの本数が少ない。

▽高野七口は、大門口、龍神口、相の浦口、大滝口、大峰口、黒河口、不動坂口の七口。各入口には女性のための籠り堂（女人堂）が設けられた。現在、女人堂は不動坂口だけが残る。

▽五十町石の立つ矢立峠はかつて宿場町として栄えたところで、町石道では唯一、食べ物や飲み物の補給が可能。矢立茶屋（10～17時・火曜休）があり、花坂名物の「やきもち」がお茶とともに頂ける。

■問合せ先

高野山宿坊協会中央案内所☎0736・56・2616、九度山町産業振興課☎0736・54・2019、かつらぎ町観光協会☎0736・22・0300、南海りんかんバス☎0736・56・2250、かつらぎ町コミュニティバス☎0736・22・0300、矢立茶屋☎0736・56・5033

■2万5000分ノ1地形図

橋本・高野山

＊コース図は12・13ページを参照。

高野山町石道
小都知ノ峯
妙寺駅
Start
60m
かつらぎ町
丹生酒殿神社
笠石
頬切地蔵
笠松峠
六本杉峠
雨引山分岐
展望台
慈尊院
九度山駅
94m
九度山町
学文路駅
79m
学文路苅萱堂
第三の地蔵
河根丹生神社
千石橋
第五の地蔵
第六の地蔵
高野下駅
下古沢駅
中古沢橋梁
上古沢駅
230m
Goal
古峠
二ツ鳥居
丹生都比売神社
院の馬場
橋本市
国道370号
旧苅萱堂

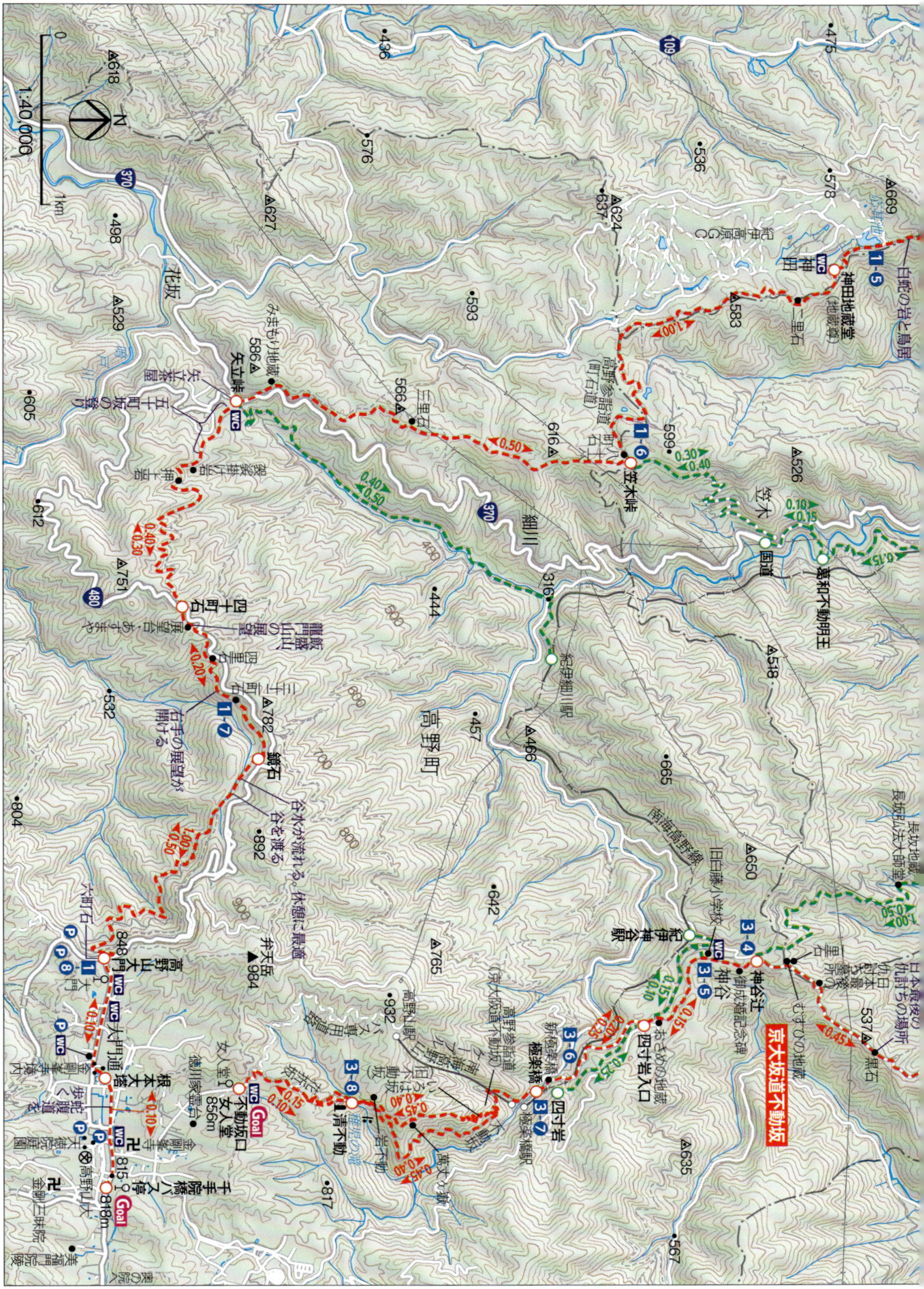
1:40,000
神田地蔵堂
二里石
白蛇の岩と鳥居
矢立峠
笠木峠
四十町石
鏡石
細川
紀伊細川駅
高野町
紀伊神谷駅
神谷辻
京大坂道不動坂
極楽橋
清不動
不動坂口女人堂
大門
根本大塔
花坂

02

覚法法親王がたびたび利用したという高野山参詣の脇道を歩く

小都知ノ峯

おづちのみね 684m

日帰り

歩行時間＝5時間
歩行距離＝11・6㎞

技術度

体力度

コース定数	＝**22**
標高差	＝624m
累積標高差	↗912m ↘742m

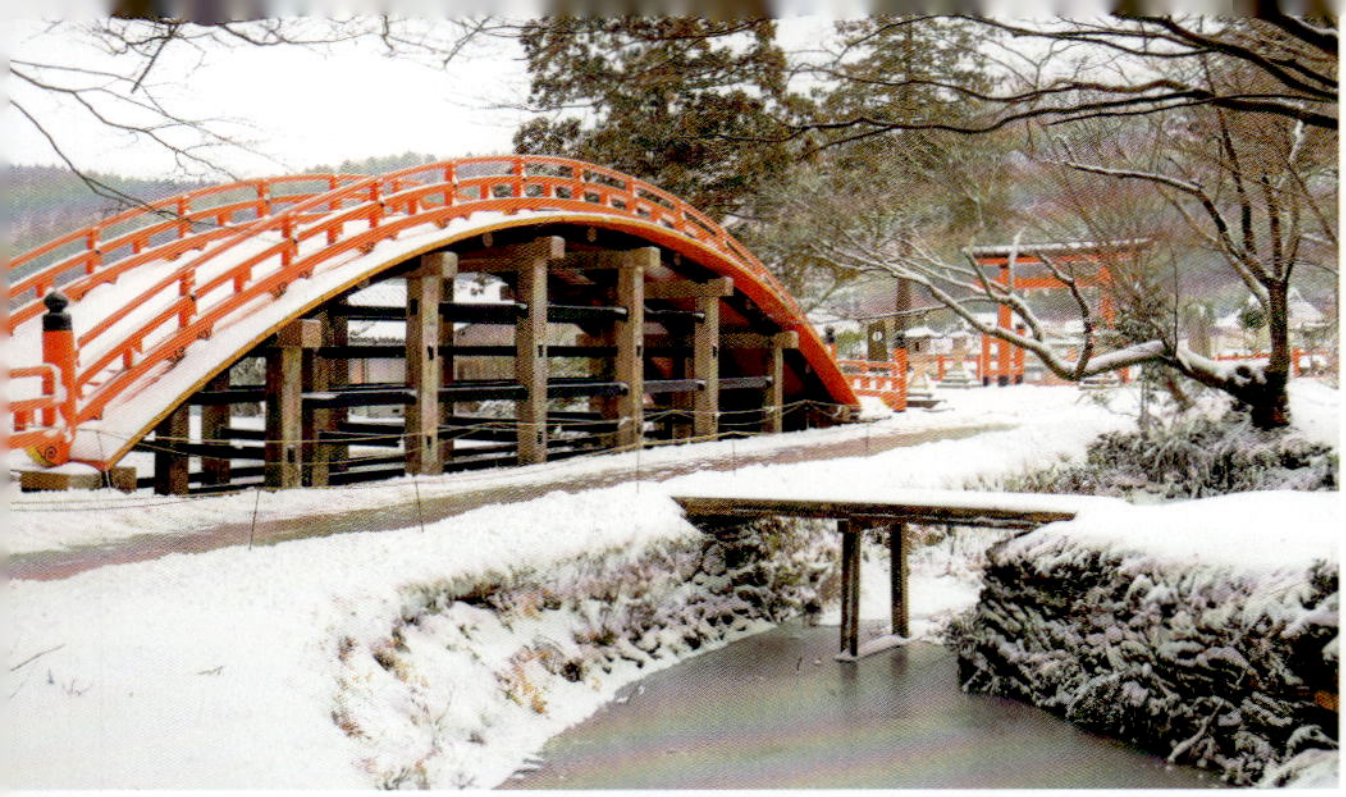

雪をかぶった丹生都比売神社の輪橋（太鼓橋）

神武峰《じんむみね》、大筒ケ峰《おおづつがみね》ともいわれる小都知ノ峯は、天野《あまの》の里の東にそびえる山稜で、丹生都比売命《にうつひめのみこと》が降臨、国見をした山と伝えられる。ここでは高野参詣道の三谷《みたに》坂を登り、天野の里から小都知ノ峯を目指すルートを紹介する。

JR妙寺《みょうじ》駅を出て、紀《き》の川にかかる三谷橋を渡る。三谷小学校の手前を左折、丹生酒殿《にうさかどの》神社に向かう。**丹生酒殿神社**には鎌《かま》八幡宮が合祀されている。

神社を出て、西隣の石垣に立つ「天野大社参道」の道標石にしたがい、三谷坂の古道に入る。三谷坂は丹生都比売神社の神主や勅使《ちょくし》が利用した道で、勅使坂ともいわれる。また白河《しらかわ》上皇の第四皇子である覚法法《かくほうほう》親王が、たびたび高野《こうや》山《さん》参詣ルートとして利用していた。

柿畑の舗装道を登っていくと、背後に和泉《いずみ》山脈の眺望が開けてくる。**笠《かさ》石**を通過したら、山腹の道に入る。**頬切《ほおきり》地蔵**に立ち寄ったあと、うっそうとした植林帯の道を登る。**笠松《かさまつ》峠**で車道と合流し、右手の古道へ。しばらくして目の前の視界が大きく開ける。白洲正子《しらすまさこ》氏が「桃源郷とは正にこういうところ」と評した天野の里だ。やがて盆地の中心、**丹生都比売神社**へと導かれる。

神社に参拝後、左の車道を進む。有王丸《ありおうまる》の墓、**院の墓**を経て、八丁《はっちょう》坂に入る。**二ツ《ふた》鳥居《とりい》**の立つ高野山町石道《ちょういしみち》と合流（10ページ参照）、右は高野山、ここでは左の六本杉《ろっぽんすぎ》峠方面へと向かう。

しばらくして丹生都比売神社から最短距離で町石道と接続する**古《ふる》峠**に着く。町石道を直進し、すぐ先の百二十六町石の右脇から尾根に取り付き、**小都知ノ峯**に登る。残念ながら展望はない。

帰路は、先ほどの**古峠**まで戻って、左の上古沢《かみこさわ》駅方面に下る。山腹をいっきに下り、上古沢と下《しも》古沢のY字路（**上古沢分岐**）を右へ。果樹畑の間を急下降する。不動《ふどう》谷川に架かる橋を渡り、民家の間の路地をひと登りで**上古沢駅**に着く。

イチョウの木に囲まれた丹生酒殿神社

■鉄道・バス
往路＝JR和歌山線妙寺駅。
復路＝南海高野線上古沢駅。
■マイカー
▽天野の里を起点に小都知ノ峯を周回する場合には、京奈和道紀北かつ

二ツ鳥居から天野の里を望む。遠くに霞むのは龍門山（左奥の突起）と飯盛山

丹生都比売神社の楼門と四棟の本殿に迎えられる

CHECK POINT

丹生酒殿神社の境内には、鎌八幡宮が合祀されている

柿畑の間を登ると、弘法大師のかぶっていた笠が飛んできて、引っかかったと伝えられる笠石がある

頬切地蔵。小さな岩の３面に大日・阿弥陀・釈迦の三如来の仏像がレリーフされている

丹生都比売神社の輪橋を渡り、鳥居をくぐると厳かな雰囲気の楼門と社殿が迎えてくれる

院の墓。鳥羽天皇の皇后・侍賢門院の墓と伝えられているが、院に仕えた中納言の局の墓と考えられている

八丁坂を登りきると高野山町石道と合流し、二ツ鳥居に着く。隣に休憩舎が建っている

古峠の先にある百二十六町石の右脇から、小都知ノ峯の南尾根に取り付く

樹林に囲まれた小都知ノ峯の山頂。小都知ノ峯は神武峰、大筒ヶ峰ともよばれる

らぎICから県道13・109号を経て天野の里の丹生都比売神社駐車場（無料・トイレあり）へ。30台程度の駐車が可能。

■登山適期

春の新緑、秋の紅葉、落ち葉を踏みしめて歩く晩秋の頃がベスト。1月下旬～2月下旬には積雪が見られる。

■アドバイス

▽丹生都比売神社駐車場を起点に、ミニハイキングが楽しめる。丹生都比売神社（40分）二ツ鳥居（5分）古峠（35分）六本杉峠（25分）笠松峠（20分）丹生都比売神社。

▽天野の里周辺には「貧女の一燈お照の墓」「有王丸の墓」「西行堂」「石造卒塔婆群」などの旧跡が数多くあり、歴史ウォーキングが楽しめる。

▽小都知ノ峯へは、高野山町石道の百二十六町石と百三十三町石のそれぞれからの登路がある。

▽天野の里へはJR和歌山線笠田駅から、かつらぎ町コミュニティバスが運行されている。1日6便。JR笠田駅から約30分。

■問合せ先

九度山町産業振興課☎0736・54・2019、かつらぎ町観光協会☎0736・22・0300、かつらぎ町コミュニティバス☎0736・22・0300

■2万5000分ノ1地形図

橋本

＊コース図は12・13ジペーを参照。

03 六体の地蔵に導かれ、町石道にとって代わった不動坂道を登る

京大坂道不動坂

きょうおおさかみちふどうさか
856m（不動坂口女人堂）

日帰り

歩行時間＝4時間10分
歩行距離＝11・9㎞

技術度
体力度

コース定数＝**23**	
標高差＝777m	
累積標高差	↗1180m ↘403m

不動坂道は高野山ケーブル下をくぐって登る

京大坂道は大阪の河内《かわち》長野《ながの》市で東《ひがし》高野《こうや》街道と西《にし》高野街道が合流したあと、高野山に向かう高野参詣道のひとつで、江戸時代末期に隆盛を極めた。ここでは、南海高野線学文路《かむろ》駅から不動坂口女人堂《にょにんどう》にいたるコースを紹介しよう。

学文路駅下車。国道を東に進むとすぐにある「左ハ高野みち女人堂迄三里」の道標石にしたがい南へ。しばらくして「石堂丸《いしどうまる》物語」の舞台の玉屋《たまや》旅館跡、少し登ったところに**学文路苅萱堂**《かるかやどう》（西光寺《さいこうじ》）がある。苅萱堂をあとに、緩やかに坂道を登っていく。

やがて「九拾《くじゅう》町」の道標石の立つ三叉路を左にとり、**第三の地蔵**へ。地蔵は安全登山を祈願して祀られた六地蔵のひとつで、第一地蔵が清水《しみず》、第二地蔵が南馬場《みなみばば》（ともに橋本《はしもと》市）にある。広域農道を横切ったあと、大師《だいし》の硯水《すずりみず》を経て第四の地蔵にいたる。

急坂を下り**河根丹生神社**《かねにう》へ。車道を横切り、河根宿の街道筋を南下、橋の建設に米千石が費やされたことが名の由来となった**千石橋**《せんごく》に着く。傍らに「高野山女人堂江二里」の道標石が立っている。

橋を渡って右へ、作水《さみず》坂の急坂を登る。作水には**第五の地蔵**、続いて桜茶屋の集落はずれに、**第六の地蔵**が祀られている。

さらに進み、日本最後の仇討ちがあった黒《くろ》石をすぎると、神谷《かみや》集落の入口に着く。一里石と道標石が右脇に集められている。**神谷辻**《つじ》で高野下駅からの長坂《ながさか》街道が合流し、神谷が隆盛を極めた頃の面影が残る街道筋を進む。

右手に南海高野線が並行する中、しばらくして**極楽橋**《ごくらく》に着く。すぐ先が極楽橋駅だ。橋を渡り、いよいよ不動坂の登りにかかる。橋の南詰に「是ヨリ不動坂、女人堂へ二十四丁」の道標石が立って

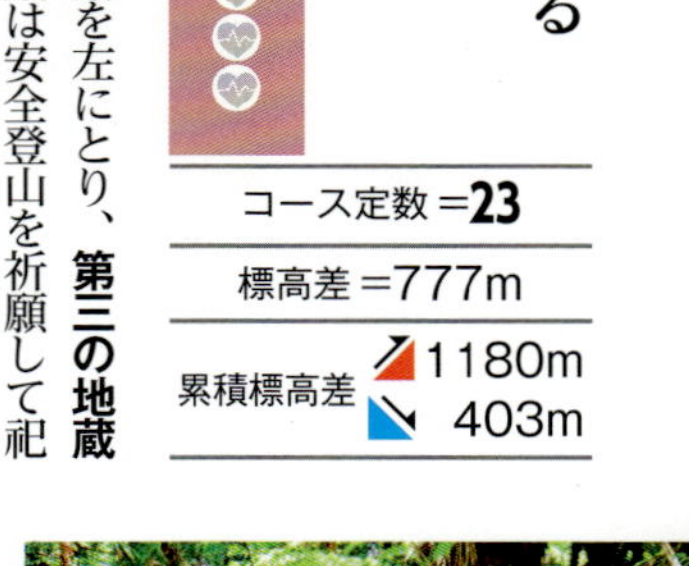
神谷集落入口に立つ一里石と道標石（奥から2番目が一里石）

■鉄道・バス
往路＝南海高野線学文路駅。
復路＝女人堂から南海りんかんバスで高野山駅へ。

■マイカー
京奈和道橋本ICから紀の川河川敷の南馬場緑地広場駐車場へ。駐車後に本コースを歩き、帰路に鉄道・バスを利用するとよい。

高野山内への入口には女性のための籠り堂(女人堂)が設けられた。唯一現存の不動坂口女人堂

いる。高野山ケーブルのガードをくぐると、旧不動坂のいろは坂と現在の不動坂の分岐に着く。新旧不動坂はこの後、**清《きよめ》不動**前で一度出合ったあと再び分岐し、花折《はなおり》坂を経て**不動坂口女人堂**にいたる。

CHECK POINT

1 学文路苅萱堂(西光寺)。出家した苅萱道心が庵を結んだところと伝えられている

2 河根丹生神社。隣に日輪寺がある

3 千石橋。大水にも耐えられる橋として建設された。橋の南詰を右に登る道が作水坂だ

4 風情ある建物が残る神谷宿。写真正面の道が京大坂道、右は紀伊神谷駅、長坂街道を経て高野下駅へ

5 旧白藤小学校跡。神谷の街道筋にあり、現在は休憩所として利用されている(トイレあり)

6 神谷の集落から極楽橋に向かう道から南海高野線の電車を右下に望む。背後の山は弁天岳

7 極楽橋。これより不動坂の登りにかかる。かつて橋の両側には茶店が軒を並べていたという

8 清不動。不動堂の右脇に大正時代に不動坂道が改修される以前の旧不動坂がある

■登山適期

新緑は5月上旬～中旬、紅葉は10月下旬～11月上旬がベスト。また、1月中旬～2月中旬には積雪もあり、初級者向きの雪山ハイクが楽しめる。

■アドバイス

▽ルートの大半が舗装道で、参詣道を示す道標などに注意して歩くこと。

▽京大坂道の西側を通る長坂街道は、大正はじめから昭和はじめまでにぎわった古道で、新高野街道、槙尾道ともよばれる。南海高野線高野下駅から里程標に導かれながら旧苅萱堂、長坂地蔵、弘法大師堂を経て、神谷辻で京大坂道と合流する。

▽極楽橋から女人堂へと通じる不動坂(旧不動坂)は、江戸時代から昭和初期に大いににぎわったという。不動坂道は、高野山開創千百年の記念事業の一環で、ルートが変更・改修され、かつての不動坂道が忘れ去られた。今回、高野山開創千二百年とともに旧不動坂道が整備されたので、新旧不動坂道のいずれを歩いてもよい。

■問合せ先

高野山宿坊協会中央案内所☎0736・56・2616、橋本市シティセールス推進課☎0736・33・1111、南海りんかんバス高野山営業所☎0736・56・2250

■2万5000分ノ1地形図

橋本・高野山

＊コース図は12・13ページを参照。

04

黒河道・雪池山

太閤秀吉が雷鳴とどろく中、駈け下ったという太閤坂を歩く

日帰り

くろこみち・ゆきいけやま
988m（雪池山）

歩行時間＝6時間55分
歩行距離＝16・4km

技術度

体力度

コース定数	＝34
標高差	＝907m
累積標高差	↗1626m ↘933m

北側にある廃村の平集落付近から雪池山を望む

平成26（2014）年に世界遺産に追加登録された高野山黒河道は、高野《こうや》七口のひとつ大和《やまと》口ともいわれる。『紀伊《きい》国名所図絵』には、「橋本《はしもと》より高野への近道なり」と記されている。豊臣秀吉《とよとみひでよし》が高野山内禁令の能狂言を催した際、突然雷鳴がとどろき、弘法大師《こうぼうだいし》の怒りと思った秀吉は急いで馬にまたがり、黒河道を駈け下ったという。

橋本駅から橋本橋の南詰を南西にとり**定福寺**《じょうふくじ》へ。定福寺をあとに、すぐ南の黒河道の古道に入る。果樹園の間、農道と交差・並行しながら緩やかに登っていく。やがて背後に紀《き》の川や和泉《いずみ》山脈の眺望が開け、2体の石像（五軒畑岩掛観音）に迎えられる。

鉢伏の井戸をすぎて林道と合流し、林道を進むと**明 星 ヶ田和**《みょうじょうがたわ》に着く。右手に国城山《くにぎさん》への道を見送り、わらん谷の道に入る。谷沿いに歩くと、県道と合流する。すぐ右手の**市平 橋**《いちたいら》を渡って、**市平**の集落へ。春日《かすが》神社をあとに**美砂子峠**《みさこ》まで太閤坂をいっきに登っていく。峠を越えると古道は一変し、山襞をぬう快適な水平道が続く。

やがて久保《くぼ》小学校の校舎が建つ**久保田和**に着く。休校中の小学校は、大正初期の久保鉱山が全盛の一時期、児童数が百人を越えた時もあったという。校舎前には「右かうや　左まにさん」の道標石仏《ほとけ》が祀られている。左の仏谷に下る道は、平集落跡から黒河峠に登るルートで、ここでは右の子継《こつぎ》峠への道を登る。

ヤマザクラの老木を眺めながら小学校の敷地に沿って進み、**法師田和**の茶所跡へ。古道としての雰

■鉄道・バス
往路＝南海高野線・JR和歌山線橋本駅。
復路＝奥の院前から南海りんかんバスで南海高野山ケーブル高野山駅へ。
■マイカー

CHECK POINT

黒河道入口に建つ紫雲山定福寺。九重層塔には1285(弘安8)年の銘がある

定福寺からすぐのところ、どばい坂の古道入口に宮谷太子堂の祠が祀られている

鉢伏の井戸の石像と祠。湧き水は弘法大師の加持水と伝えられる

明星ヶ田和。写真の正面の道が黒河道。写真右手のわらん谷沿いの道を下る

かつての渡し場から少し下流に新しく架けられた市平橋。橋を渡って市平の集落へ向かう

市平の産土神の春日神社。カツラの巨木の根元に祠が祀られている

久保田和の道標石仏と久保小学校。小学校は平成18年に休校となった

雪池峠。右は子継峠への山腹道、ここでは左の尾根に取り付き、雪池山に登る

粉撞峠、古くには香春峠ともいわれた子継峠

紀の川を望む高台にある五軒畑岩掛観音

囲気が残る道で、徐々に傾斜を強めながら、四ツ辻の**雪池峠**に登る。右は東郷《とうごう》から河根《かね》、直進は子継峠への山腹道が分岐する。ここは左上にとり、尾根沿いに進む。**雪池山**の山頂は樹林が茂り展望はない。

山頂から**黒川峠**《くろかわ》を経て雪池峠からの山腹道と合流し、左の**子継峠**へ。女人道《にょにん》を進み、**一本杉分岐**に下る。右は黒河口女人堂跡へ、ここでは周回道路を左にとって、奥《おく》の院《いん》の裏手から中《なか》の橋《はし》道を経て**奥の院前バス停**へと向かう。

京奈和道高野口ICから道の駅柿の郷くどやまへ。道の駅に駐車後、本コースを歩き、帰路に鉄道・バスを利用するとよい。

■**登山適期**

新緑は5月上旬~中旬、紅葉は10月下旬~11月上旬がベスト。1月中旬~2月中旬には積雪があり、初級者向きの雪山ハイクも楽しめる

■**アドバイス**

▽定福寺から明神ヶ田和に向かうルートは、古道と農道が何度となく交差するため、道標などに注意。

▽市平集落の春日神社に入る道が不明瞭のため、道標などに注意する。

▽黒河道には本コース以外に、青渕コース(明神ヶ田和から青渕集落を経由して市平橋)、戦場山コース(美砂子峠から戦場山の西山腹を経て久保田和)、黒河谷コース(久保田和から仏谷、平集落跡を経て黒河峠)などの派生ルートがある。

■**問合せ先**

高野山宿坊協会中央案内所☎0736・56・2616、九度山町産業振興課☎0736・54・2019、橋本観光協会☎0736・33・3552、橋本市教育委員会文化スポーツ室☎0736・33・3704、南海りんかんバス☎0736・56・2250

■**2万5000分ノ1地形図**

橋本・高野山

＊コース図は20・21ページを参照。

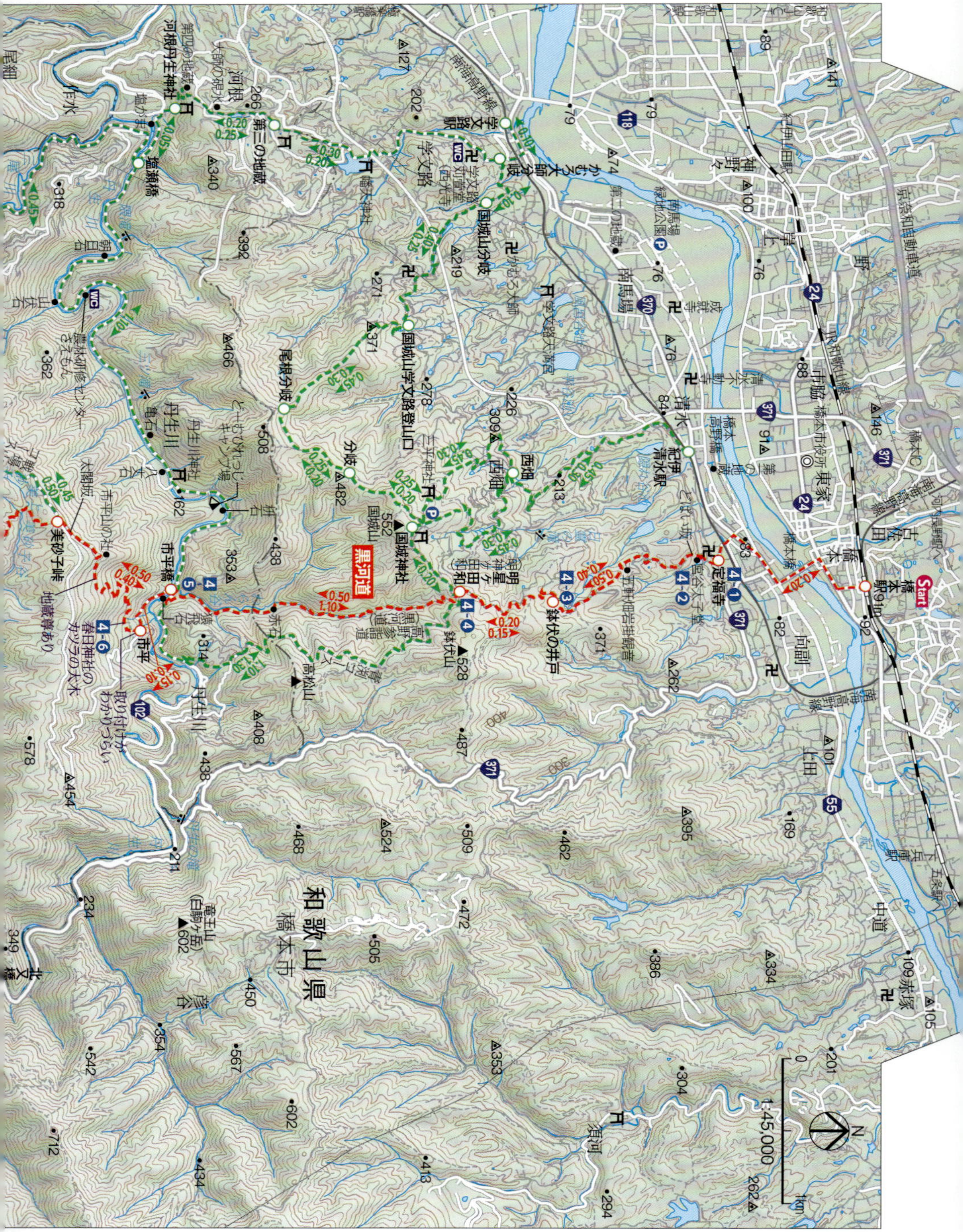

Start
橋本駅
紀伊清水駅
学文路駅
下兵庫駅
大師分岐
国城山分岐
国城山学文路登山口
尾根分岐
分岐
西畑
定福寺
鉢伏の井戸
鉢伏山
国城神社
黒河道
市平橋
市平
美砂子峠
地蔵尊あり
春日神社のカツラの大木
取り付けがわかりづらい
河根丹生神社
第三の地蔵
塩瀬橋
丹生川
和歌山県
橋本市
竜王山(白駒ヶ岳)
高野山
1:45,000
0
1km
N

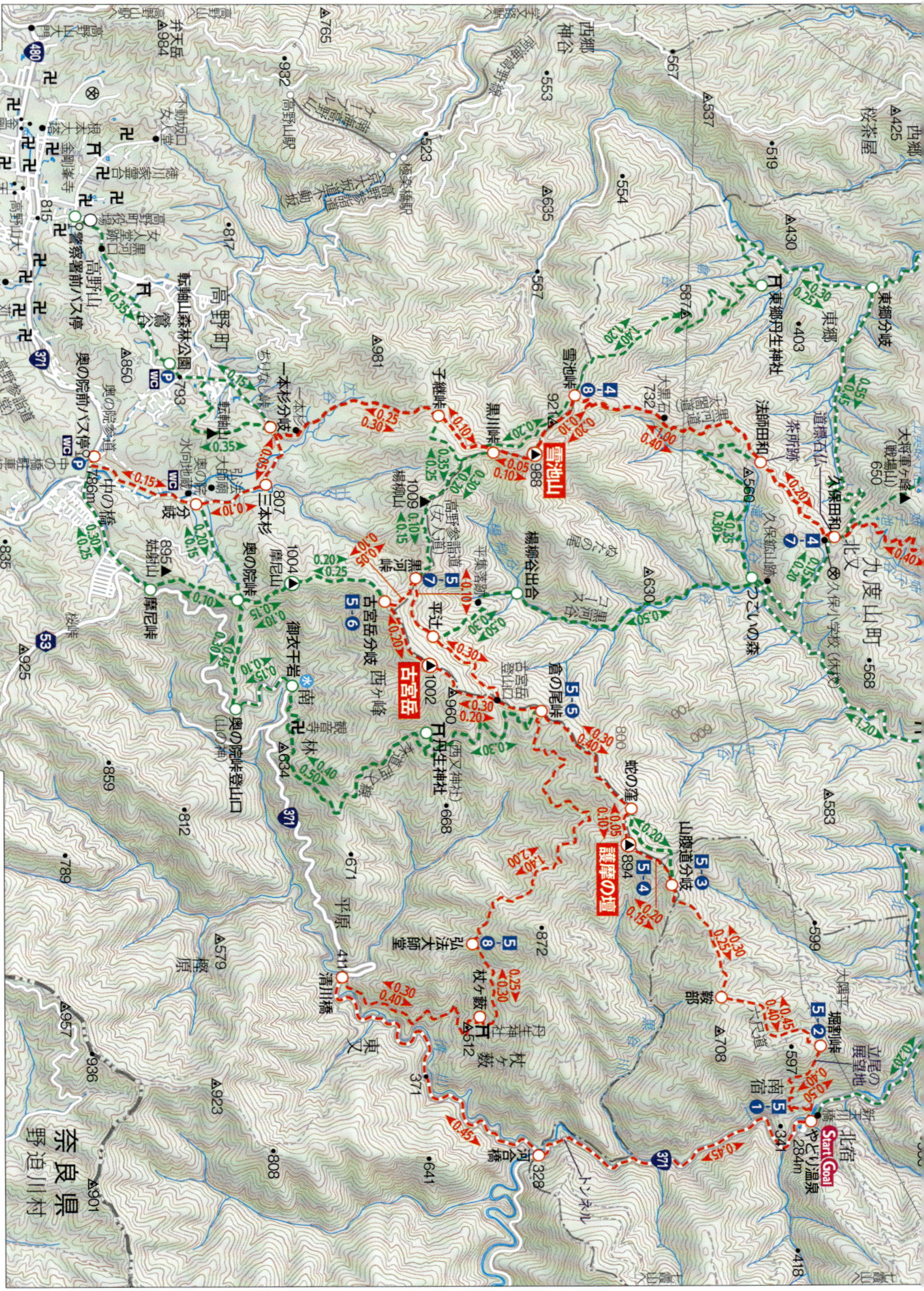

雪池山
古宮岳
護摩の壇
高野町
九度山町
奈良県
野迫川村
雪池峠
黒川峠
子継峠
黒河峠
古宮岳分岐
倉の尾峠
蛇の窪
山陵道分岐
鞍部
堀割峠
杖ヶ薮
弘法大師堂
清川橋
河合橋
南宿
やどり温泉
北宿
久保田和
法師田和
東郷分岐
東郷丹生神社
うぐいの森
楊柳谷出合
平辻
御衣干岩
奥の院峠
奥の院峠登山口
摩尼峠
摩尼山
楊柳山
転軸山
転軸山森林公園
一本杉分岐
三本杉
奥の院前バス停
警察署前バス停
高野山
中の橋
丹生神社
Start
Goal

05

物資輸送の古道・六尺道を歩き、護摩の壇と古宮岳に登る

護摩の壇・古宮岳

ごまのだん　894m
ふるみやだけ　1002m

日帰り

歩行時間＝8時間40分
歩行距離＝16・8km

技術度 ▲▲▲▲▲（3）
体力度 ♥♥♥♥♥（2）

コース定数	＝35
標高差	＝718m
累積標高差	↗1349m ↘1349m

高野の山々を望む（左から摩尼山、古宮岳、楊柳山、護摩の壇、雪池山）

弘法大師《こうぼうだいし》護摩修行地とされる護摩の壇、氏神の大宮が祀られていた古宮岳。かつて六《ろく》尺道《しゃくみち》とよばれた高野山《こうやさん》への物資輸送ルートの古道とともに、2山を紹介しよう。

　高野山を源頭とする丹生《にゅう》川中枢の北宿《きたやどり》には、『紀伊《きい》続風土記』に「南州の一奇泉なり」と記されるやどり温泉がある。**やどり温泉**前の新玉川《たまがわ》橋を渡り、南宿《みなみやどり》集落へ。山の斜面に数件の民家が建つ。最奥の民家を経て六尺道とよばれるつづら折れの道を登っていく。六尺の幅を有したという古道は今なおお健在だ。断崖と石積みのトラバース道を経て**堀割《ほりわり》峠**へ。峠を越えると、しばらく水平道が続き、棚田跡が残る道を緩やかに登っていく。

　やがて護摩の壇東尾根の**鞍部**に出る。さらに進むと**山腹道の分岐**があり、尾根道を急登して3等三角点の埋まった**護摩の壇**山頂へ。残念ながら眺望はない。

　西尾根を急下降して、**蛇《じゃ》の窪《くぼ》**とよばれる広い尾根に下る。小さなアップダウンの尾根歩きが続き、**倉《くら》の尾峠**へ。斜め左は西ヶ峰《にしがみね》、斜め左うしろは杖ヶ藪《つえがやぶ》集落へと向か

■鉄道・バス なし。やどり温泉に宿泊の場合、無料送迎バスあり（要相談）。
■マイカー 京奈和道橋本ICから国道371号を経て玉川峡のやどり温泉へ。新玉川橋近くに駐車スペースがある。
■登山適期 通年。新緑は5月上旬～中旬、紅葉は10月中旬～11月上旬がベスト。
■アドバイス ▽やどり温泉周辺の玉川峡には、猿飛石、五光の滝、丹生の滝など大小さまざまな奇岩や滝が点在し、「玉川四十八石」とよばれている。
▽六尺道はよく踏み固められた古道だが、道標などは少なく、歩く人も少ないため、地図と磁石は必携。
▽古宮岳への登山道、倉の尾峠から杖ヶ藪に下る山腹道ともに踏跡が薄い。テープなどに注意すること。
▽黒河峠から女人道を直進、または左に下って高野山内に入ると公共交通機関も豊富で、帰路のバリエーションも広がる。
■問合せ先 高野山宿坊協会中央案内所☎0736・56・2616、九度山町産業振興課☎0736・54・2019、やどり温泉いやしの湯☎0736・32・8000
■2万5000分ノ1地形図 富貴・高野山

う道で、ここは尾根道を直進する。

　しばらくしてY字路の古宮岳登山口に着く。左の尾根道を急登すると**古宮岳**山頂に着くが、残念ながら展望はない。古宮岳について『紀伊続風土記』には「五箇《ごか》村の氏神にて大宮といふ（中略）、因りて嶽を古宮嶽といふ」とある。

　山頂をあとに、踏跡の薄い尾根を進むと**古宮岳分岐**で、高野山女人《にょにん》道と合流する。右へすぐのところが**黒河《くろこ》峠**だ。

　ひと休憩のあと、黒河峠の四叉路を右の山腹道へ。**平辻《たいらつじ》**を直進、先ほどの古宮岳登山口へと周回する。その後、往路を**倉の尾峠**まで戻り、斜め右の杖ヶ藪方面へ。

　山襞をぬいながら緩やかに水平道を下っていく。やがて、弘法大師を祀る**弘法大師堂**に迎えられると、位牌の製造が行われていたという**杖ヶ藪**集落は近い。

　杖ヶ藪の集落を抜け、**清川《きよかわ》橋**を渡って、**やどり温泉**に戻る。

断崖を削り取ってつくられたという六尺道（立尾の展望地）

CHECK POINT

玉川峡沿いの山の斜面に開けた南宿の集落を抜け、六尺道の古道に入る

堀割峠。写真での左の道は大隅平へ、手前が護摩の壇への道

護摩の壇に登るY字路の分岐。右は山腹道を経て蛇の窪へ

護摩の壇山頂は樹林に囲まれ展望はない。3等三角点の標石がある

倉の尾峠。真っ直ぐは護摩の壇、右は西又神社を経て南と林の集落、斜め右が杖ヶ藪集落への道

古宮岳分岐。古宮岳から下ってきた道（写真右）が女人道と出合う

黒河峠。正面の道は女人道。左（実際は右）に進み、黒河道分岐を経て古宮岳登山口へと周回する

弘法大師像を祀る弘法大師堂。水平道はここまでで、これよりいっきに下って杖ヶ藪へ

＊コース図は20・21ジ《ペー》を参照。

高野山スキー場からの高野三山（手前中央が転軸山、左奥が楊柳山、右奥が摩尼山）

06

日帰り

女性たちが奥の院遥拝のためたどった女人道をめぐる

楊柳山・摩尼山・転軸山

ようりゅうさん 1009m
まにさん 1004m
てんじくさん 930m

歩行時間＝6時間30分
歩行距離＝16・2km

技術度
体力度

コース定数＝**29**
標高差＝223m
累積標高差 ↗1200m ↘1200m

　内の八葉《はちよう》、外の八葉の峰々に囲まれた山上の聖地・高野山《こうやさん》。高野山は女人禁制の山であったため、女性たちは八葉の峰々の境界線をたどって奥《おく》の院《いん》を遥拝したとされる。女性たちがたどった境界線は、女人道《にょにんみち》とよばれた。そして八葉の峰々の代表格として、高野三山に数えられる摩尼山と楊柳山、転軸山がある。高野山内に唯一残る女人堂の不動坂《ふどうざか》口から、女人道を一巡するコースを紹介しよう。

　女人堂バス停下車。お竹《たけ》地蔵に参拝後、**弁天岳《べんてんだけ》**へ。参道を下り、高野山の表玄関・**高野山大門《だいもん》**に出る。高野山道路を横断し、お助け地蔵の参道へ。お助《たす》け地蔵を右に見送り、緩やかな起伏の植林帯の道を進む。**南谷**の橋を渡って「左くまのみち」の道標石を左にとり、相《あい》の浦《うら》口女人堂跡の**上水《うえみず》峠**へ。弁天岳や天狗岳《てんぐだけ》などの眺望が開けてくる。小さな起伏ののち、**ろくろ峠**、大滝《おおたき》口女人堂跡に出る。

　小辺路《こへち》ルートを進み、次の分岐を左下へとり、円通律寺《えんつうりつじ》門前に下る。円通律寺では、今も厳しい修行が続けられている。**弥勒《みろく》峠**を右に登ると、大峰《おおみね》口女人堂跡だ。なだらかな尾根道を進み急斜面を下ると、**中《なか》の橋《はし》駐車場**に出る。

　ここで車道を東へ、摩尼トンネル手前の山道に取り付き、高野三山を目指そう。女人道の**摩尼峠**、**奥の院峠**を経て**摩尼山**の山頂に登る。摩尼山をあとに、北西尾根を下る。樹林の隙間から、楊柳山を望む。夏にはササユリの花が咲く道だ。**黒河《くろこ》峠**を直進し、三山最高峰の**楊柳山**の頂を踏む。

■鉄道・バス
往路・復路＝南海高野線高野山駅から南海りんかんバスで女人堂へ。

■マイカー
京奈和道かつらぎ西ICから国道480号、高野口ICから国道370号を経て高野山内の駐車場（無料・トイレあり）へ。駐車場からはバスまたは徒歩。中の橋または大門南駐車場をスタート地点とすると効率がよい。

■登山適期
通年歩ける。サクラは4月下旬、新緑は5月上旬～下旬、紅葉は10月下旬～下旬。また、1月下旬～2月下旬には積雪があり、初級者向きの雪山ハイクも楽しめる。

■アドバイス
▽ここでは女人堂を起終点として紹介したが、コース途中にはバス停もあり、体力に応じて計画するとよい。
▽女人道を1日で周回する場合には、距離・時間とともに健脚向きコースとなるため、2日間に分けると余裕も生まれ、またファミリーハイクとしても最適となる。
▽高野三山のみ登る場合は、奥の院前バス停から中の橋参道に入り、水向地蔵の高野三山碑を左に見て、奥の院峠を登り、摩尼山、楊柳山、転軸山を一巡。高野山スキー場から奥の院参道に出て、奥の院前バス停に戻るルートで計画するとよい。

■問合せ先

楊柳観音の祠に雪をかぶった楊柳山山頂

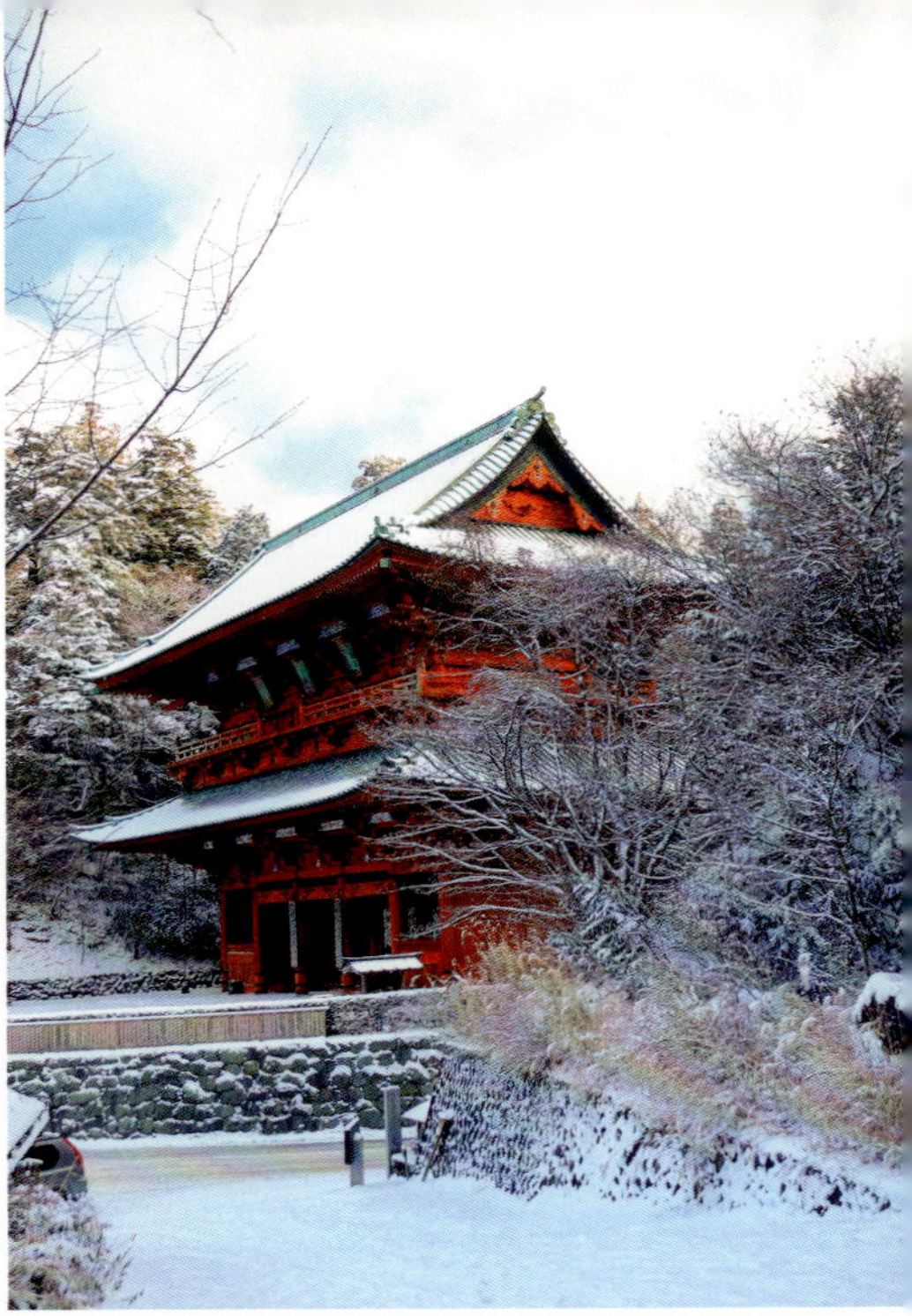

雪景色の高野山の総門・高野山大門

CHECK POINT

1 七口の女人堂で唯一残る不動坂口女人堂。お竹地蔵の横手から弁天岳に取り付く

2 嶽弁才天を祀る弁天岳の南寄りから根本大塔を望む

3 弁天岳参道を下ったところに建つ高野山大門。車道を横切ったあと、お助け地蔵の参道に入る

4 円通律寺。真言宗の僧侶を目指す修行寺院で、現在も厳格な規律と女人禁制を守っている

5 弥勒峠の地蔵。峠を越えると高野山内、右は大峰口女人堂跡を経て女人道

6 弘法大師が祀られる奥の院峠(摩尼峠)。奥の院からの登路と女人道が合わさる

7 桜地蔵を祀る黒河峠。右手前は倉の尾峠へ、左は三本杉に下る。ここでは女人道を直進して楊柳山へ

8 ブナ、ヒメシャラ、ツガなどの自然林に囲まれた高野三山最高峰・楊柳山山頂。楊柳観音が祀られている

なおも緩やかな起伏の尾根道をたどる。**子継峠**《こつぎ》を南に下り一本杉の先で車道を横断（**一本杉分岐**）、転軸山登山道に入る。木の根の道を登ると**転軸山**山頂に着く。左は奥の院御廟、ここは右にとり、南から西尾根を経てシャクナゲ園に下る。

転軸山森林公園、ついで鶯《うぐいす》谷の集落を抜け、**黒河口女人堂跡**の峠を越える。すぐの路地を右へ進んで支尾根に取り付き、小さな起伏を伝うと**女人堂バス停**に帰り着く。

楊柳山へと向かう女人道

高野山宿坊協会中央案内所☎0736・56・2616、転軸山森林公園☎0736・56・3443、南海りんかんバス高野山営業所☎0736・56・2250

■2万5000分ノ地形図
高野山

＊コース図は26・27ジペーを参照。

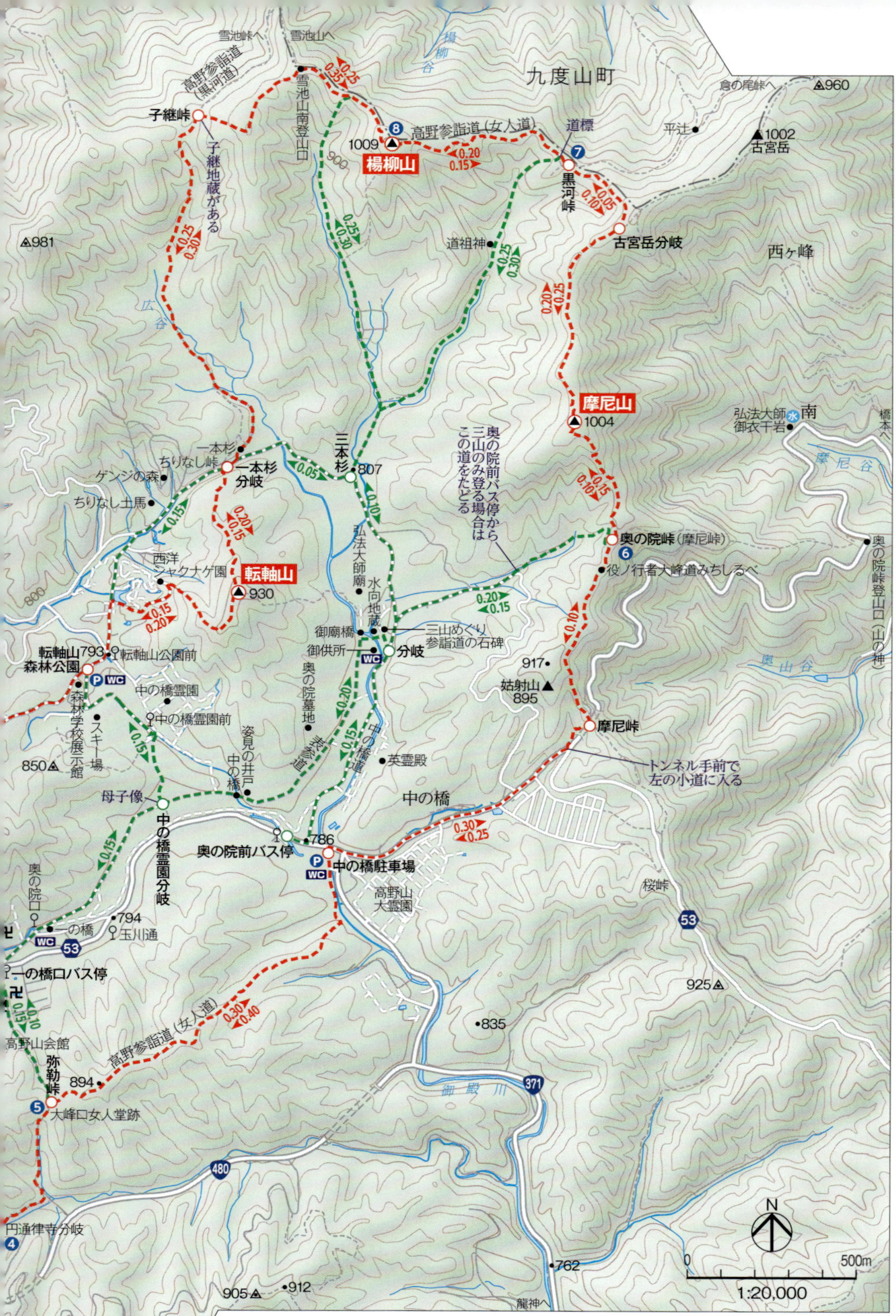
九度山町
雪池峠へ
雪池山へ
楊柳谷
高野参詣道（黒河道）
雪池山南登山口
子継峠
子継地蔵がある
1009
楊柳山
高野参詣道（女人道）
倉の尾峠へ
960
平辻
1002
古宮岳
道標
黒河峠
古宮岳分岐
西ヶ峰
道祖神
981
広谷
摩尼山
1004
弘法大師御衣干岩
南
橋本へ
摩尼谷
奥の院前バス停から三山のみ登る場合はこの道をたどる
一本杉
ちりなし峠
ゲンジの森
一本杉分岐
三本杉
807
ちりなし土馬
弘法大師廟
水向地蔵
奥の院峠（摩尼峠）
役ノ行者大峰道みちしるべ
奥の院峠登山口（山の神）
西洋シャクナゲ園
転軸山
930
御廟橋
御供所
分岐
三山めぐり参詣道の石碑
奥山谷
917
姑射山
895
転軸山森林公園
793
転軸山公園前
中の橋霊園
森林学校展示館
スキー場
中の橋霊園前
奥の院墓地
表参道
中の橋道
英霊殿
摩尼峠
トンネル手前で左の小道に入る
850
姿見の井戸
中の橋
母子像
中の橋霊園分岐
中の橋
奥の院前バス停
786
中の橋駐車場
高野山大霊園
桜峠
53
奥の院口
794
一の橋
玉川通
一の橋口バス停
925
高野山会館
高野参詣道（女人道）
835
弥勒峠
894
大峰口女人堂跡
御殿川
371
480
円通律寺分岐
762
905
912
龍神へ
N
0
500m
1:20,000

橋本駅へ
神谷辻へ
118
極楽橋
極楽橋駅
いろは坂（旧不動坂）
南海高野山ケーブル
不動坂
モミジ谷
高野参詣道（京大坂道不動坂）
高野山駅
高野山駅
642
765
932
バス専用道路
高野町
権児の滝
光の滝
清不動
旧不動坂
花折坂
817
中学校前
高野山中
谷上女人堂跡
弁天岳
984
樹間から根本大塔が見える
橋本、海南へ
不動坂口女人堂
お竹地蔵
女人堂バス停
856m
Start Goal
908
鉢伏山
右の道へ
黒河口女人堂跡
鶯谷
鶯谷
徳川家霊台
一心口
南院
青巌寺
480
矢立峠へ
高野山高
波切不動前
高野町役場
警察署前
高野山町石道
大門口女人堂跡
金剛峯寺
金剛峯寺前
根本大塔
六時の鐘
宿坊協会中央案内所
大門
弁天前
848
高野山大門
愛宕前
大門通
蛇腹道
金堂前
壇上伽藍
霊宝館前
千手院橋
バス停
小田原通り
蓮華谷
苅萱堂
龍神口女人堂跡
参道を進む
今来峰
天徳院
高野山大
お助け地蔵
霊宝館
美福門院陵
大門南駐車場
金剛三昧院
南谷に架かる橋を渡り再び山道へ
南谷出合
高野山道路
龍神道
樹間から根本大塔が見える
南谷
西から南方面の展望よい
848
上水峠
宝珠山
ろくろ峠
大滝口女人堂跡
相の浦口女人堂跡
相の浦道
覚海トンネル
円通律寺
小辺路分岐
大滝口トンネル
大滝道
有田川町へ
薄峠へ

07

玉川峡から「雲霞の中に聳《そびえ》し高峰」の七霞山に登る

七霞山

ななかすみやま
891m

日帰り

歩行時間＝4時間45分
歩行距離＝9・5km

技術度 ★★☆☆☆
体力度 ★☆☆☆☆

コース定数＝20
標高差＝607m
累積標高差 ↗830m ↘830m

北面の橋本市・似賀尾池畔から七霞山方面を望む

『紀伊続風土記《きいぞくふどき》』に、「雲霞《うんか》の中にそびえる高峰、この峰は七つ目にあたる」と記されている七霞山。この山の西麓には、高野山《こうやさん》を源頭とする景勝・玉川《たまがわ》峡で知られる丹生《にゅう》川が流れている。そして渓谷沿いには、『紀伊続風土記』に「南州の一奇泉なり」と記される、一軒宿のやどり温泉がある。

やどり温泉前の新玉川橋東詰を北宿《きたやどり》の集落跡に向け、急斜面の山道をつづら折れに登っていく。いっきに登ると、**北宿**の集落跡に着く。畑を横切ったのち山腹道になり、緩やかに登っていくとやがて**小峰辻《こみねつじ》**に出る。右手の尾根に取り付くと、きれいに石積みされた畑跡が続く。しばらくして右手の尾根にトラバースする。

しばらく快適な自然林の登りが続いたのち、スギやヒノキの植林帯に入る。傾斜が緩むと**北宿辻**で、林道と合流する。左は堀切《ほりきり》峠へ、ここでは林道を右へとる。しばらく行くと、右手の視界が大きく開けてくる。左から摩尼山《まにさん》、古《ふる》宮岳《みやだけ》、楊柳山《ようりゅうさん》、雪池山《ゆきいけやま》、手前に護摩《ごま》の壇《だん》の山稜が重畳と波打っている。

五色の虹が懸かることから名付けられた玉川峡・五光の滝

■鉄道・バス
公共交通機関はない。やどり温泉に宿泊する場合は、無料送迎バスの利用が可能（要相談）。

■マイカー
京奈和道橋本ICから国道371号を経て玉川峡のやどり温泉へ。

■登山適期
新緑は5月上旬～中旬、紅葉は10月中旬～11月上旬がベスト。

■アドバイス
▽七霞山の山頂一帯はマツタケ山のため、9月から11月の間の入山は差し控えたい。
▽玉川峡は、猿飛石、五光の滝、丹生の滝など大小さまざまな奇岩、滝がおりなす自然豊かな景勝地で、県の名勝となっている。
▽サブコースとして、下筒香辻を左に下って、下筒香の集落を経て河合橋に戻るコースが設定できる。オキウラ谷出合に『紀伊続風土記』に描かれた大岩「明神岩」がある。下筒香辻（1時間）下筒香（1時間）明神岩（10分）河合橋（45分）やどり温泉。
▽登山口には山奥の小さな隠れ温泉宿「やどり温泉いやしの湯」があり、宿泊のほか立ち寄り入浴もできる（金～月曜、祝日営業）。

■問合せ先
九度山町産業振興課☎0736・54・2019、橋本タクシー☎073

七霞山の北尾根から高野の山々を望む

すぐに後方から橋本《はしもと》市街、金剛《こんごう》山《さん》の眺望が開けてくる。なおも林道を進むと、林道終点となるお杉《すぎ》茶屋跡の捻草越《ねぐさご》え分岐に着く。山道をひと登りで、**七霞山**山頂だ。樹林に囲まれ、展望はない。

帰路は先ほどのお杉茶屋跡に戻って、左の捻草越えの古道に入る。『紀伊続風土記』には捻草越えについて「摩尼谷より川合《かわい》の橋へ出て、七霞を過きて富貴《ふき》へ行を捻草越といふ。高野より大峰山《おおみねさん》上の本道す」と記されている。

すぐの**下筒香辻**《しもつつがつじ》を右にとる。尾根道から山腹道となり、緩やかに山腹を下る。**鞍部**をすぎ、ケヤキ岩の展望地で荒神岳《こうじんだけ》を望む。山腹から支尾根をいっきに下って**河合橋**《かわい》へ。丹生川を右にとり、**やどり温泉**に戻る。

6・32・0849、やどり温泉いやしの湯☎0736・32・8000

■2万5000分ノ1地形図
富貴・猿谷貯水池

CHECK POINT

1 国道上の新玉川橋東詰から北宿の集落跡への道に入る

2 北宿の最奥集落跡から七霞山に向かう

3 小峰辻。右にとって尾根道に入る

4 稜線上の北宿辻。ここを右(写真では左)にとって、林道沿いに七霞山へと向かう

5 お杉茶屋跡の分岐。尾根道を登ると、七霞山山頂はすぐのところだ

6 七霞山の山頂。樹林に囲まれ、展望は利かない

08

山また山の中辺路に分け入って、熊野本宮大社を目指す

滝尻～熊野本宮大社

たきじり～くまのほんぐうたいしゃ
691m（上田和茶屋跡）

一泊二日

第1日　歩行時間＝6時間20分　歩行距離＝16・0km
第2日　歩行時間＝8時間25分　歩行距離＝19・5km

技術度
体力度

コース定数	＝65
標高差	＝632m
累積標高差	↗2574m ↘2601m

箸折峠の牛馬童子像。右隣の石仏は役ノ行者像

熊野本宮と熊野速玉《はやたま》、熊野那智《なち》大社は、「熊野三山《さんざん》」と称される。

その熊野三山を目指す道が熊野古道だ。ここでは、滝尻王子《おうじ》から熊野三山のひとつ熊野本宮大社に向かう、人気の高い中辺路《なかへち》のメインルートを歩く。

第1日　滝尻バス停下車。滝尻橋を渡った左手、滝尻王子の左脇から中辺路をスタートする。急坂の道を登ると、胎内《たいない》くぐり、続いて藤原秀衡《ふじわらひでひら》ゆかりの乳《ち》岩に着く。いっきに高度を上げ、**剣山《つるぎやま》**、飯盛山《いいもりやま》展望台へ。ようやく傾斜が緩むと、**高原《たかはら》熊野神社**へと導かれる。朱の社殿が鮮やかだ。

伏拝王子。左手に休憩所がある

すぐ先の高原霧の里休憩所でひと休憩としたい。棚田の向こうに果無《はてなし》山稜が美しい。旧旅籠《はたご》通りを抜け、緩やかに逢坂《おうさか》峠越えにかかる。高原池、**大門《だいもん》王子**、**十丈《じゅうじょう》王子**などを経て、三体月《さんたいづき》伝承が残る**上田和《うわだわ》茶屋跡**へ。

逢坂峠を東へ急下降し、津毛《つげ》川に下って**牛馬童子《ぎゅうばどうじ》像口バス停**に降り立つ。

再び古道に戻って、牛馬童子像が佇む箸《はし》折《おり》峠へ。峠を越えると近露《ちかつゆ》の里が開けてくる。橋の向こうのこんもりとした森が**近露王子**だ。今夜の

■鉄道・バス

往路＝JR紀勢本線紀伊田辺駅から龍神バス、明光バスで滝尻へ。

復路＝本宮大社前から龍神バス、明光バスで紀伊田辺駅へ。または熊野交通バスでJR紀勢本線新宮駅へ。JR和歌山線五条駅への奈良交通バスも運行されている。

■マイカー

紀勢道上富田ICから国道42・311号を経て滝尻駐車場へ。または熊野本宮大社駐車場へ。

■登山適期

新緑は4月下旬～5月中旬、紅葉は11月中旬～下旬。冬枯れの頃もよい。

■アドバイス

▽登山口の滝尻バス停前には、熊野古道・中辺路の情報拠点として観光案内と歴史紹介を兼ねた休憩施設の「熊野古道館」がある。

▽近露の里には、熊野古道歩きを手軽に体験できる施設「古道歩きの里ちかつゆ」がある。日帰りの古道歩き体験プランが用意されている。

▽熊野本宮大社と国道を挟んだ反対側に、和歌山県世界遺産センターが開設されている。世界遺産の保存、活動拠点として、各種のセミナー、ウォーキングイベント、展示などを行っている。

▽牛馬童子像口バス停前には、道の駅熊野古道中辺路がある。

▽発心門王子に発心門王子バス停が

霧の里は、果無山脈が一望できる絶景の休憩スポット

宿泊地は、ここ近露としよう。

第2日　古道と旧国道が交差・並行する中、近露の集落の間を緩やかに登っていく。**比曽原《ひそはら》王子**を経て、巨杉が立ち並ぶ**野中《のなか》の一方杉《いっぽう》**（継桜王子）に着く。桜並木のきれいな古道を東進し、再び旧国道に出て**小広峠《こびろ》**へと向かう。草鞋《わらじ》峠を越え、**仲人茶屋跡《なこうど》**へ。ここで本来の古道と別れ、迂回路の**岩上峠《いわがみ》**を越えて**蛇形地蔵尊《じゃがた》**に下る。

湯川《ゆかわ》王子跡を通過、杉木立の道をいっきに登り、関所跡の**三越峠《みこし》**へ。音無川沿いの道を**船玉《ふなたま》神社**、猪《い》ノ鼻《はな》王子に向かう。熊野の聖域への大鳥居のあったところという**発心門《ほっしんもん》王子**に登る。

舗装道を進み、**水呑《みずのみ》王子**へ。古道を抜けると、果無の山稜が開けてくる。**伏拝《ふしおがみ》王子**から熊野本宮旧社地を望む。茶畑の横を緩やかに下ると、小辺路《こへち》との合流点、**九《く》鬼ヶ口《きがくち》関所跡**にいたる。

なおも緩やかに下ると、**熊野本宮大社**へと迎えられる。参道を下ると、**本宮大社前バス停**はすぐだ。あり、熊野本宮大社、JR紀伊田辺駅行きのバスが運行されている。

■問合せ先

熊野本宮観光協会☎0735・42・0735、なかへち観光協会☎0739・64・1470、龍神バス☎0739・22・2100、明光バス☎0739・42・3008、奈良交通（バス）☎0742・20・3100、熊野交通（バス）☎0735・22・5101、古道歩きの里ちかつゆ☎0739・65・0715、民宿つぎざくら☎0739・65・0009

■2万5000分ノ1地形図

栗栖川・皆地・発心門・伏拝・本宮

CHECK POINT

滝尻王子の左横から剣山の古道に入る

熊野古道沿いで現存する最古の高原熊野神社

十丈王子。かつて茶店が軒を並べたという

箸折峠を下ると近露の里風景が広がってくる

一方杉に囲まれた継桜王子

サクラの花が咲く古道を小広峠へと向かう

湯川一族発祥の地と伝えられている湯川王子

口熊野と奥熊野の境界とされる三越峠（あずまやあり）

碑のある背後の山一帯が水呑王子の旧社地とされる

三軒茶屋跡・九鬼ヶ口関所跡。中辺路と小辺路の交差点

熊野本宮大斎原を望むちょっと寄り道展望台

熊野本宮大社の御社殿入口

＊コース図は32・33ページを参照。

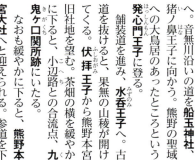

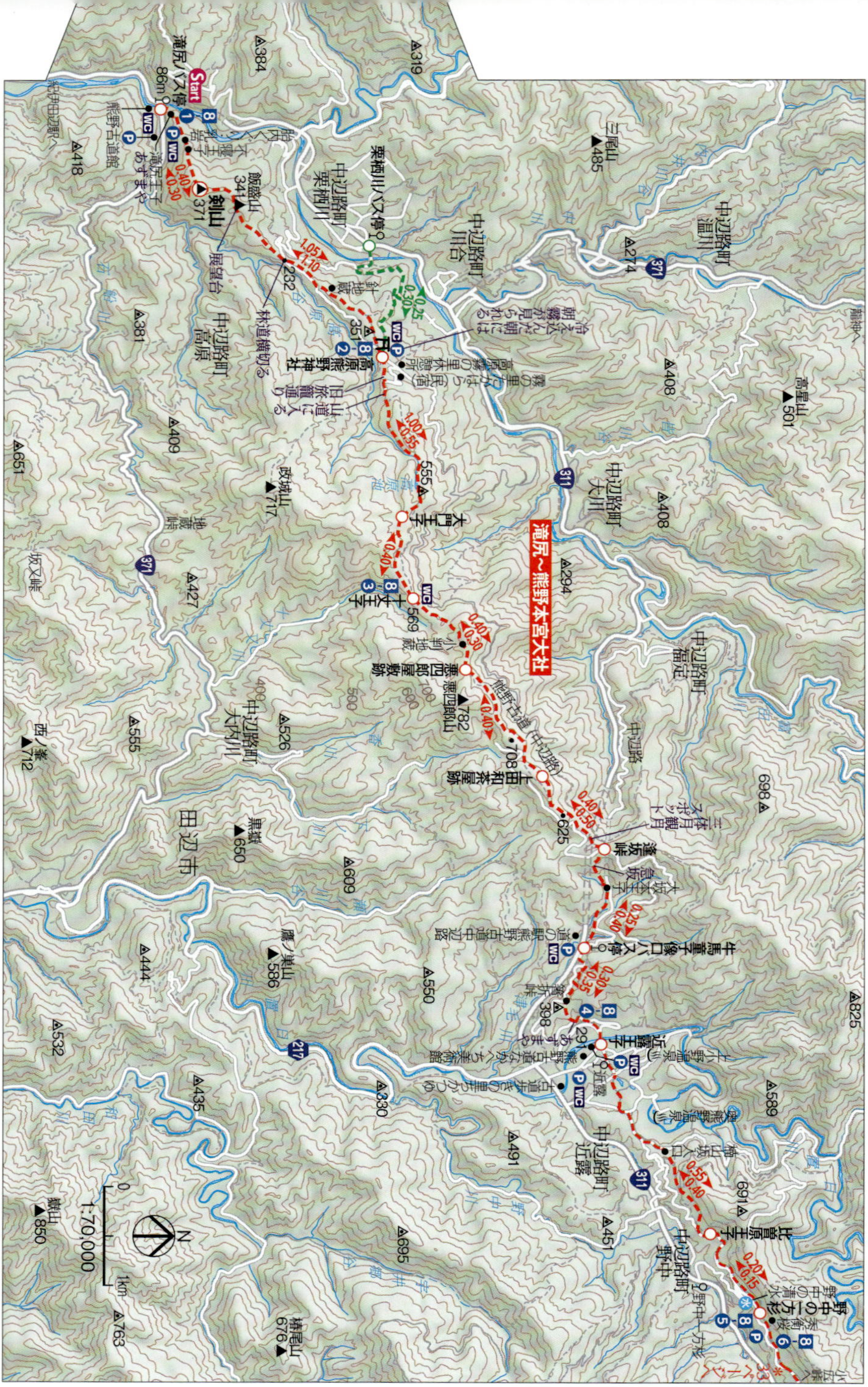

滝尻～熊野本宮大社
Start
滝尻バス停
剣山
高原熊野神社
大門王子
十丈王子
上田和茶屋跡
逢坂峠
牛馬童子像口バス停
近露王子
比曽原王子
野中の一方杉
中辺路町栗栖川
中辺路町高原
中辺路町大川
中辺路町福定
中辺路町近露
中辺路町野中
田辺市
1:70,000
N

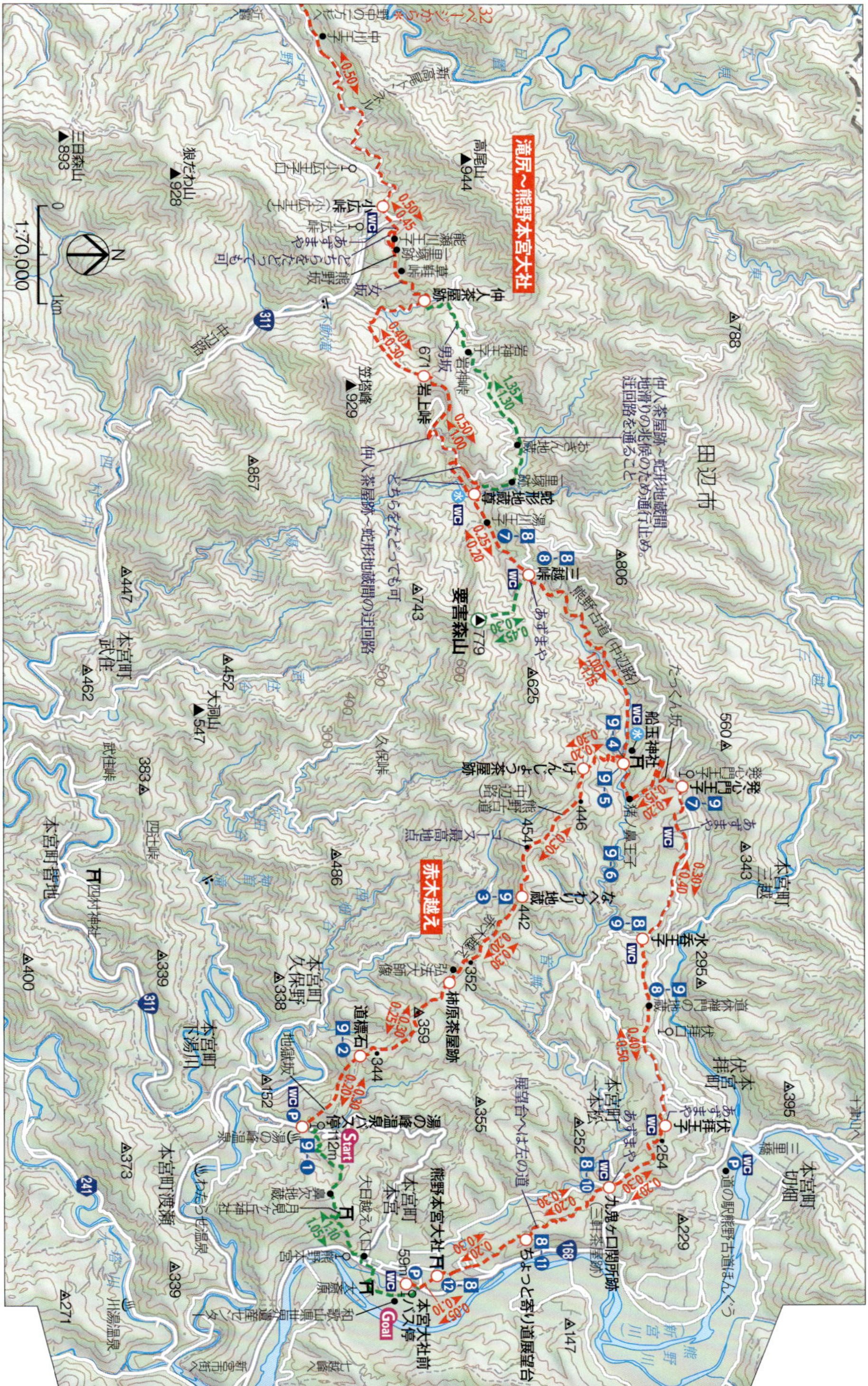
滝尻～熊野本宮大社
赤木越え
田辺市
1:70,000
中辺路
高尾山
三越峠
蛇形地蔵
岩上峠
小広峠
中ノ川王子
要害森山
船玉神社
発心門王子
水呑王子
伏拝王子
九鬼ヶ口関所跡
熊野本宮大社
本宮大社前バス停
湯の峰温泉バス停
柿原茶屋跡
なべわり地蔵
道標石
Start
Goal

09

熊野古道の湯の峰温泉への間道・赤木越えを歩く

赤木越え《あかきごえ》

約450m（コース最高地点）

日帰り

歩行時間＝4時間55分
歩行距離＝14・8km

技術度

体力度

コース定数＝**23**

標高差＝396m

累積標高差 ↗942m ↘995m

赤木（赤城）越えは、熊野古道《くまのこどう》・中辺路《なかへじ》が三越峠《みこし》から湯の峰《ゆのみね》温泉に向かう古道で、別名「小栗《おぐり》街道」とよばれている。ここでは湯の峰温泉を起点に赤木越えを経て、発心門王子《ほっしんもんおうじ》から熊野本宮《ほんぐう》大社に向かう参拝コースを紹介する。

たっくん坂を登ると発心門王子の鳥居が見える

湯の峰温泉バス停から北へ少し進み、一遍上人《いっぺんしょうにん》磨崖名号碑《まがいめいごう》のある石段を登って赤木越えの古道に入る。湯煙の中に落ちこんでいく様を地獄に見立てたという地獄坂とよばれる杉木立の道を、緩やかに登っていく。

しばらくして、「ユノミ子《ね》、かご平」の差し指図の**道標石**がひっそりと立っている。なおも尾根道を伝い、やがて**柿原《かきはら》茶屋跡**へ。弘法《こうぼう》大師《だいし》像をあとに、尾根沿いの道を進む。疎林帯のすき間から、発心門の集落が見えている。

なべわり地蔵から尾根道を進み、**けんじょう茶屋跡**へ。ここで赤木越えの道を終えて右に下り、船玉《ふなたま》神社方面へ。音無《おとなし》川のせせらぎが聞こえるようになると、三越峠との分岐に着く。谷を渡ったところに**船玉神社**がある。しばらく音無川沿いの林道を進んで右に少し下ると、女院たちが禊ぎをしたという猪《い》ノ鼻《はな》王子に着く。

再び林道と合流後にたっくん坂を登り、**発心門王子**の鳥居をくぐる。発心門は、聖域へ入る門となる、熊野聖域への大鳥居のあったところと伝えられる。

舗装されたなだらかな道をたどり、**水呑王子**《みずのみ》へ。杉木立の古道を抜けると、果無《はてなし》の山稜が開けてくる。**伏拝王子**《ふしおがみ》はすぐだ。大雲取《おおぐもとり》・小《こ》雲取越えの山稜が大パノラマで広がっている。

茶畑の横から緩やかに山道を南下すると、やがて小辺路《こへち》との合流点、**九鬼ケ口《くきがくち》関所跡**に着く。「右かうや十七里、左きみい寺三十一里」と刻まれた自然石の石標がひっそりと立っている。

山腹の道を進むと、いよいよ本コースのクライマックス、「八咫《やた》烏《がらす》、舞い降りし甦りの聖地」といわれる**熊野本宮大社**に迎えられる。参道を下ると**本宮大社前バス停**はすぐだ。

■鉄道・バス

往路＝JR紀勢本線紀伊田辺駅から龍神バス、またはJR紀勢本線新宮駅から熊野交通バス、奈良交通バスで湯の峰温泉へ。

復路＝本宮大社前から龍神バス、明光バスで紀伊田辺駅へ。または熊野交通バスで新宮駅へ。JR和歌山線

↑熊野速玉大社、熊野那智大社とともに「熊野三山」に数えられる熊野本宮大社の社殿

←伏拝から熊野本宮大社に向かう展望地から大斎原の森と大鳥居を眼下に望む

CHECK POINT

1 一遍上人が「南無阿弥陀仏」の名号を爪で書き刻んだと伝えられる磨崖名号碑。左の石段が赤木越えの入口

2 矢印が手の形をした道標石。ユノミ子、か平」と記されている

3 一遍上人の弟子がここで昼飯を焚いていたところ、鍋の水がなくなり、鍋が割れたため鍋割峠とよばれる

4 赤木越え分岐。橋を渡って左の道は近露へ、ここでは右の発心門王子方面へと向かう

5 船の神様を祀った船玉神社。近くを流れる音無川は本宮大社への最後の垢離場とされている

6 林道から少し外れた音無川の川畔にある猪ノ鼻王子。再び林道と合流、たっくん坂を登る

7 五体王子のひとつ、発心門王子。ここからが熊野本宮大社への神域とされている

8 道休禅門の地蔵。「道休」と書いてユキダオレと読む。この辺で倒れて亡くなった人を悼んで立てたのだろう

五条駅への奈良交通バスもある。

■マイカー
紀勢道上富田ICから国道42・311号で湯の峰温泉駐車場（無料・トイレあり）へ。または熊野本宮大社駐車場（無料・トイレあり）へ。

■登山適期
通年歩ける。新緑は4月下旬～5月中旬、紅葉は11月中旬～下旬。冬枯れの季節もよい。

■アドバイス
▽発心門王子に発心門王子バス停があり、熊野本宮大社、JR紀伊田辺駅行きのバスが運行されている。

▽本コースでは熊野本宮大社をゴール地点として設定しているが、時間が許せば、大日越えを経て湯の峰温泉に戻る周回コースが設定できる。熊野本宮大社（10分）大斎原（5分）大日越え入口（20分）月見ヶ丘神社（35分）湯の峰温泉バス停。

▽熊野本宮大社周辺には、湯の峰温泉をはじめ、川湯温泉、わたらせ温泉などがあり、宿にも事欠かない。

■問合せ先
熊野本宮観光協会☎0735・42・0735、龍神バス☎0739・22・2100、明光バス☎0739・42・3008、奈良交通（バス）☎0742・20・3100、熊野交通（バス）☎0735・22・5101

■2万5000分ノ1地形図
皆地・発心門・伏拝・本宮

＊コース図は33ジペーを参照。

10

熊野古道最大の難所・熊野の山稜を越え那智山へ

大雲取・小雲取越え

一泊二日

第1日　歩行時間＝4時間30分　歩行距離＝16・0km
第2日　歩行時間＝6時間50分　歩行距離＝12・5km

おおぐもとり・こぐもとりごえ
883m（舟見峠）

技術度
体力度

コース定数＝**55**

標高差＝829m

累積標高差　↗2432m　↘2390m

青岸渡寺と熊野那智大社、三重塔、右奥に那智の滝を望む

大雲取・小雲取越えは、「雲に手が届くほど高い峠を越える」ことが語源とされるだけに、熊野《くまの》古道《こどう》最大の難所となっている。ここでは北から南へ、小雲取、大雲取を越えて熊野那智《なち》大社に参詣するコースを紹介しよう

第1日　**請川《うけがわ》バス停**下車。熊野川沿いの国道を東進し、下《しも》地橋《じばし》バス停のすぐ右上の小雲取越えの古道に入る。民家の庭先を抜け、疎林帯の古道を登っていく。なだらかな道が続き、**万歳道《ばんぜどう》分岐**に出る。左は志古《しこ》に下る伊勢路《いせじ》ルートで、ここでは直進して如《にょ》法山《ほうざん》山腹をからんで**百間《ひゃっけん》ぐら**へ。果無《はてなし》・大塔《おおとう》山系が大パノラマで開けている。ひと休憩後、なおも山襞をからむ。

林道を横切り、賽《さい》ノ河《か》原《わら》地蔵尊、**石堂《いしどう》茶屋跡**へ。緩やかな起伏が続く。**桜《さくら》峠**を越えて**桜茶屋跡**へ。ひと休憩のあと、眺望のよい堂《どう》ノ坂とよばれる石畳道を下っていく。

やがて**小和瀬《こわぜ》**の集落に下る。かつての渡し場跡に架かる小和瀬橋を渡り、すぐ右手の古道へ。小口《こぐち》トンネル上部の峠を越えると、今夜の宿泊地、**小口**の集落はすぐだ。

第2日　小口の集落を抜け、大雲取越えの古道に入る。熊野の神々が集い談笑したという**円座石《わろうだいし》**へ。しばらくして**楠久保《くすくぼ》の旅籠跡**に着く。かつて多くの人々を見守ってきたであろう苔むした地蔵尊が、静かに佇んでいる。

いよいよコース最大の難所・胴《どう》切《きり》坂の登りにかかる。まっすぐ上に向かって苔むした石畳道が続いている。やがて**越前《えちぜん》峠**、**石倉《いしくら》峠**を越えると、滝本《たきもと》川源頭の**地蔵茶屋跡**に下る。地蔵茶屋跡には、地蔵堂と休憩舎が建っている。

舗装林道を緩やかに登ったら、再び古道に入る。**色川辻《いろかわつじ》**で林道を横切ると、舟見《ふなみ》峠への急坂にかかる。**舟見茶屋跡**に出ると、眼下に那智高原をはじめ、妙法山《みょうほうざん》、遠く熊野灘の眺望が開けている。

登立《のぼりたて》茶屋跡から右上に妙法山を眺めながら下って**那智高原**を縦断、那智原生林の間をぬって**青岸《せいがん》渡寺《とじ》**に下る。隣の熊野那智大社に参拝し大門坂参道に入ると、**大門《だいもん》坂駐車場前バス停**は近い。

■鉄道・バス
往路＝JR紀勢本線紀伊田辺駅から龍神バスか明光バス、またはJR紀勢本線新宮駅から奈良交通、熊野交通バスで請川へ。請川へは白浜空港からも明光バスでアクセスできる。
復路＝大門坂駐車場前から熊野交通バスでJR紀勢本線那智駅、またはJR紀勢本線紀伊勝浦駅へ。

■マイカー
紀勢道上富田ICから国道42・311号を経て、熊野本宮大社駐車場へ。または紀勢道すさみ南ICから国道42号を新宮方面に向かい、那智勝浦新

雪の百間ぐら。小雲取越え随一の展望ポイントだ

梵字が刻まれている円座石

CHECK POINT

サクラの木の間を抜け小雲取越えにかかる

小石がうず高く積まれた賽ノ河原地蔵尊

小雲取越えの最高所・桜峠（約470㍍）

東の眼下に赤木川を望む桜茶屋跡

かつての小和瀬の渡しは小和瀬橋の左手にある

小和瀬から小口へは小さな峠を越える

楠久保集落跡の「南無阿弥陀仏」の巨石

まっすぐ上へと続く胴切坂とよばれる苔むした石畳道

杉林に囲まれた地蔵尊を祀る石倉峠

地蔵茶屋跡に建つ休憩舎。奥に地蔵を安置したお堂がある

那智高原公園の間を縦断し、那智原生林の道に入る

苔むした石畳と杉並木が続く大門坂

宮道路那智勝浦ICから大門坂駐車場へ。

■登山適期

通年歩ける。新緑は4月下旬～5月中旬、紅葉は11月下旬～12月上旬。展望と雑木林の風情が楽しめるコースなので、冬枯れの季節もよい。

■アドバイス

▽小雲取越えの入口の熊野本宮大社周辺には、湯の峰温泉をはじめ、川湯温泉、わたらせ温泉などがあり、宿にも事欠かない。

▽宿泊地の小口にはキャンプ場併設の小口自然の家や民宿百福がある。

▽円座石の「わろうだ」とは、円形の座布団のことで、石の表面に阿弥陀仏、薬師仏、観音仏の三仏の梵字が彫られている。

■問合せ先

熊野本宮観光協会☎0735・42・0735、那智勝浦町観光協会☎0735・52・5311、龍神バス☎0739・22・2100、明光バス☎0739・42・3008、奈良交通（バス）☎0742・20・3100、熊野交通（バス）☎0735・22・5101、小口自然の家☎0735・45・2434、民宿百福☎0735・45・2016、青岸渡寺の宿坊「尊勝院」☎0735・55・0401

■2万5000分ノ1地形図

紀伊大野・本宮・新宮・紀伊勝浦

＊コース図は38・39ページを参照。

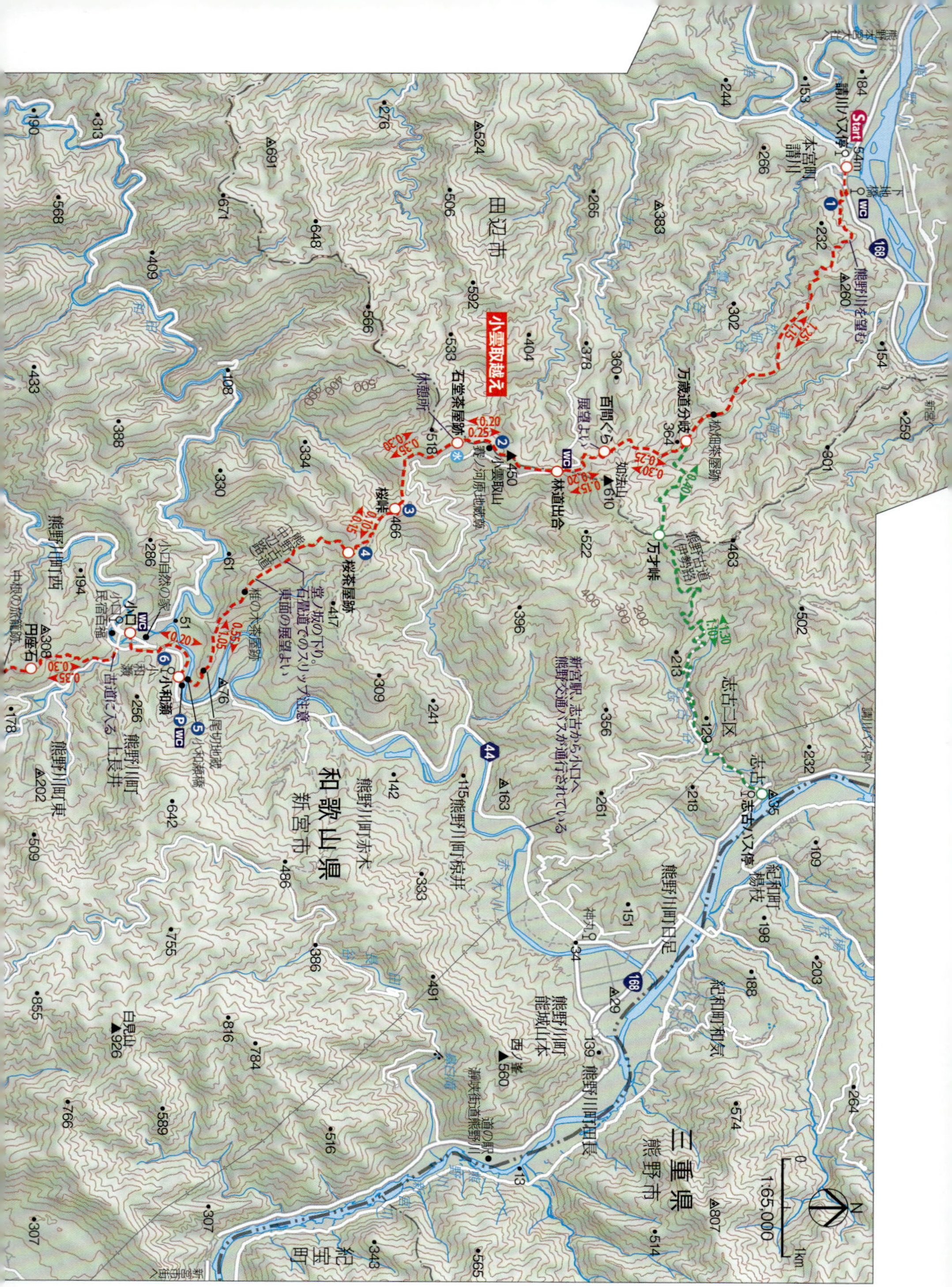

Start
請川バス停
本宮町請川
熊野川を望む
小雲取越え
石堂茶屋跡
休憩所
百間ぐら
展望よい
万歳道分岐
松畑茶屋跡
林道出合
如法山
小雲取山
桜峠
桜茶屋跡
堂ノ坂の下り、石畳道でのスリップ注意
東面の展望よい
椎の木茶屋跡
小和瀬
小和瀬橋
尾切地蔵
小口
小口自然の家
円座石
万才峠
熊野古道（伊勢路）
志古
志古バス停
新宮駅、志古から小口へ熊野交通バスが運行されている
田辺市
和歌山県
新宮市
三重県
熊野市
紀和町
紀宝町
1:65,000

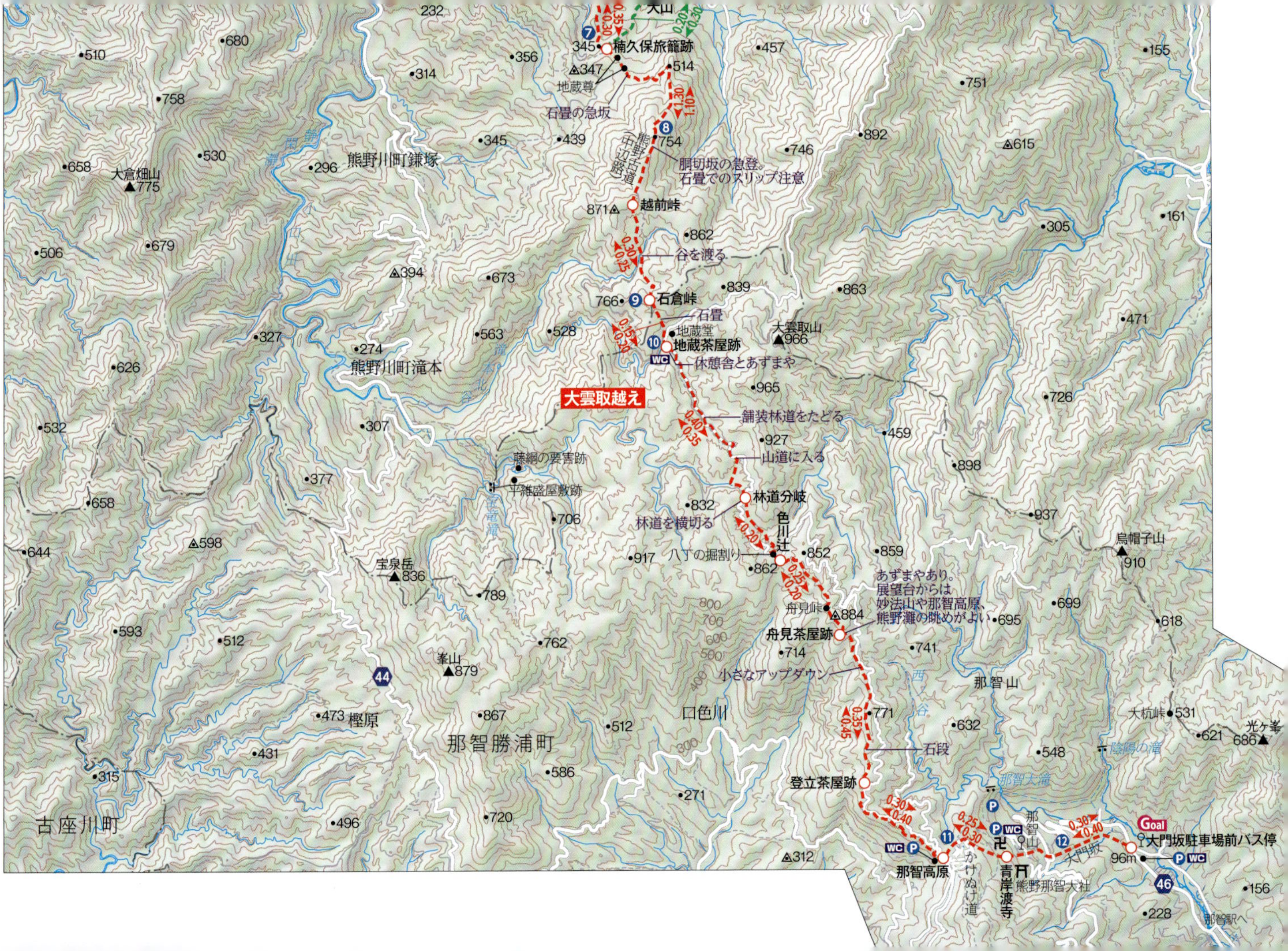
大雲取越え
楠久保旅籠跡
地蔵尊
石畳の急坂
熊野古道中辺路
胴切坂の急登。石畳でのスリップ注意
越前峠
谷を渡る
石倉峠
石畳
地蔵堂
地蔵茶屋跡
休憩舎とあずまや
舗装林道をたどる
山道に入る
林道分岐
林道を横切る
色川辻
八丁の掘割り
舟見峠
あずまやあり。展望台からは妙法山や那智高原、熊野灘の眺めがよい
舟見茶屋跡
小さなアップダウン
石段
登立茶屋跡
那智高原
かけぬけ道
青岸渡寺
熊野那智大社
那智山
大門坂
大門坂駐車場前バス停
那智駅へ
那智大滝
陰陽の滝
大杭峠
光ケ峯
烏帽子山
大雲取山
那智山
口色川
那智勝浦町
樫原
峯山
宝泉岳
藤綱の要害跡
平維盛屋敷跡
熊野川町滝本
熊野川町鎌塚
大倉畑山
古座川町
Goal

11

紀淡海峡に浮かぶ友ヶ島のミステリアスな要塞基地へ

コウノ巣山

こうのすやま
120m

日帰り

歩行時間＝3時間20分
歩行距離＝9・6km

技術度
体力度

コース定数＝**16**

標高差＝118m

累積標高差 ↗696m ↘696m

山頂からの眺め。沖ノ島の向こうに虎島、地ノ島、本州を望む

4島のひとつ神島

友ヶ島は紀淡《きたん》海峡に浮かぶ神《かみ》島、地《じ》ノ島、沖《おき》ノ島、虎《とら》島の4島からなる無人島群で、最高峰のコウノ巣山には1等三角点が置かれている。島内には、明治時代から第二次世界大戦まで日本軍の軍事要塞施設として使用された砲台跡や弾薬庫跡が残され、赤レンガの廃墟跡がアニメの名作『天空の城ラピュタ』の世界観に似ているという。一方で照葉樹林の森が茂り、さまざまな植物、磯の生き物が生息する自然の宝庫でもある。また友ヶ島には、神島の剣《つるぎの》池、沖ノ島の深蛇《しんじゃ》池と閼伽井《あかい》、虎島の観念《かんねん》窟《くつ》と序品窟《じょほんくつ》の5箇所に葛城《かつらぎ》二十八宿の修験行場が存在し、序品窟には第一宿の経塚がある。

加太《かだ》港からの観光船で、沖ノ島の**野奈浦《のなうら》桟橋**へ。まずは海岸沿いの道を西進し、**池尻浜《いけじりはま》**からすぐの第二砲台跡へ。終戦後に爆破処理されているが、それが逆に迫力を増している。樹林帯の道を登ると**友ヶ島灯台**に迎えられる。紀淡海峡の青い海と緑の芝生が鮮やかだ。

灯台をあとに坂道を下ると、孝《こう》助松《すけまつ》キャンプ場に出る。左手に蛇《じゃ》ヶ池の湿原が広がる。うっそうとした樹林の道を登ると、**コウノ巣山展望台**の広場に着く。広場からは友ヶ島4島をはじめ、淡路《あわじ》島、遠く六甲《ろっこう》連山まで360度の大パノラマが開けている。

眺望を楽しんだら、旧陸軍の第

■鉄道・バス
往路・復路＝南海加太線加太駅から徒歩15分で加太港へ。友ヶ島汽船に乗り換え20分で野名浦桟橋へ。

■マイカー
阪和道和歌山北ICから県道7号を経て加太港駐車場（有料）へ。

■登山適期
一年を通して楽しめる山で、ファミリーハイキングとして最適。

■アドバイス
▽沖ノ島から虎島へ通じる通路は、風化により崩落し、満潮時は水没する。虎島に渡る場合、事前に潮位表を確認しておくこと。島内の遊歩道の大半が、かつての軍用道路。
▽最近、友ヶ島への乗船客が増加し、加太港へは早い目の到着が望ましい（乗船整理券が配布される）。
▽沖ノ島の深蛇池は、湿地帯植物の群生地で、約400種もの植物を観察することができるという。
▽友ヶ島の対岸・加太港から西へすぐのところに、神島が起源と伝えられる淡嶋神社がある。婦人病や安産祈願など「女性のための神様」として、古くから信仰を集めている。雛流しの神事でも知られ、拝殿に並べられた、おびただしいほどの人形の光景は壮観。

■問合せ先
友ヶ島案内センター☎073・459・0314、和歌山市観光課☎0

島内6箇所の砲台跡のうち、最大規模の第三砲台跡の弾薬庫

友ヶ島の夕景

三砲台跡、弾薬庫跡へ。ミステリアスな廃墟の異質な空間が広がっている。「ラピュタの島」とよばれる所以だ。その後、野奈浦桟橋に戻ってもよいが、時間が許せば、シダジイなどの照葉樹林の森を北垂水《たるみ》、**深蛇《しんじゃ》池**、閼伽井跡へと向かう。

虎島に渡って、緩やかに山道を登ると、樹林に囲まれた虎島砲台跡に着く。断崖絶壁の**東ノ覗《のぞ》き**には役《えん》ノ行者《ぎょうじゃ》像が祀られ、中《なか》ノ瀬戸《せと》を間に地ノ島、大阪湾の眺望が開けている。

ひと休憩したら、**南垂水キャンプ場**を経て**野奈浦桟橋**に戻る。

73・435・1234、加太観光協会☎073・459・0003、南海電鉄加太駅☎073・459・0029、友ヶ島汽船加太営業所☎073・459・1333

■2万5000分ノ1地形図
加太

CHECK POINT

1
第一砲台跡のある友ヶ島灯台。東経135度、子午線のほぼ真上に建つ

2
孝助松海岸。近くにはキャンプ場がある

3
山頂からは虎島や神島、地ノ島、淡路島、遠く六甲連山まで一望できる

4
南垂水キャンプ場。キャンプファイヤーや海水浴が楽しめる

5
深蛇池は大蛇が棲むという伝説の池で、湿地帯植物群落が広がっている

6
沖ノ島から虎島に渡る道。干潮時間を確認してから渡ること

12

甲山・四国山・高森山

孝子越えの古道から由良要塞基地の山をめぐる

日帰り

かぶとやま 212m
しこくやま 241m
たかもりやま 285m

歩行時間＝5時間40分
歩行距離＝17.9km

技術度 体力度

コース定数＝24

標高差＝283m

累積標高差 775m 824m

東面の不動谷口池からの高森山

深山砲台跡は明治時代に築かれた由良要塞の一部

和泉《いずみ》山脈西端の四国山・高森山周辺は、かつて大阪湾防衛の目的で由良《ゆら》要塞が築かれていた。孝子《きょうし》越《ご》えの道を登り、大阪府と和歌山県の府県境尾根を東から西へ縦走するコースを紹介しよう。

南海**孝子駅**下車。下孝子の集落に入って、伊《い》豆《ず》賀《が》林道を進む。分《わ》かれ辻《つじ》を直進し、**孝子の森イベント広場**へ。ウバメガシやコナラが茂る尾根道を経て**孝子越え**へ。

しばらくして、前方に風力発電の風車を望む。林道と合流後に再び山道に入り、**藤原《ふじわら》峠**、八王子《はちおうじ》峠を越えて東畑《ひがしばた》へ。東畑を左にとると、**三輪《みわ》明神**を祀るY字路に着く。南は木《き》ノ本《もと》峠への道で、ここでは西の西畑《にしはた》への車道を進む。峠に登って左のテレビ塔への林道に入る。**甲山**山頂はすぐだ。

山頂をあとに、テレビ塔の脇から府県境尾根に入る。**猿坂《さるさか》峠**に下り養魚池畔を北へ。西畑に下って林道を左へ進む。二之宿峠手前に葛城《かつらぎ》第二十八宿の第二番経塚がある。**二之宿峠**で車道が合流、左は南海西《にし》ノ庄《しょう》駅、ここでは右にとり、府県境沿いの車道を進む。し

■**鉄道・バス**
往路＝南海本線孝子駅。
復路＝南海加太線加太駅。

■**マイカー**
四国山から高森山を周回する場合は、加太森林公園内の駐車場が利用できる。阪和道和歌山北ICから県道7号を経て加太森林公園駐車場（無料・トイレあり）へ。

■**登山適期**
通年。新緑は4月下旬～5月中旬、紅葉は11月下旬～12月上旬。3月の冬枯れの時期もよい。

■**アドバイス**
▽孝子駅から金輪寺経由で孝子の森客山展望台を経て、紹介ルートの孝子越えに合流する道もある。
▽孝子越えの道が林道と合流後、藤原峠・八王子峠に入るところが踏跡が薄く、やや不明瞭なため注意する。
▽休暇村紀州加太のそばに、由良要塞の一部、深山砲台跡弾薬庫跡がある。深山砲台跡周辺には展望台をはじめ、一周約25分の遊歩道（約3キロ）が整備されており、途中から眺める紀淡海峡に沈む夕陽の美しさは絶景。

■**問合せ先**
和歌山市観光課☎073・435・1234、加太観光協会☎073・459・0003、休暇村紀州加太☎073・459・0321

■**2万5000分ノ1地形図**
加太・淡輪

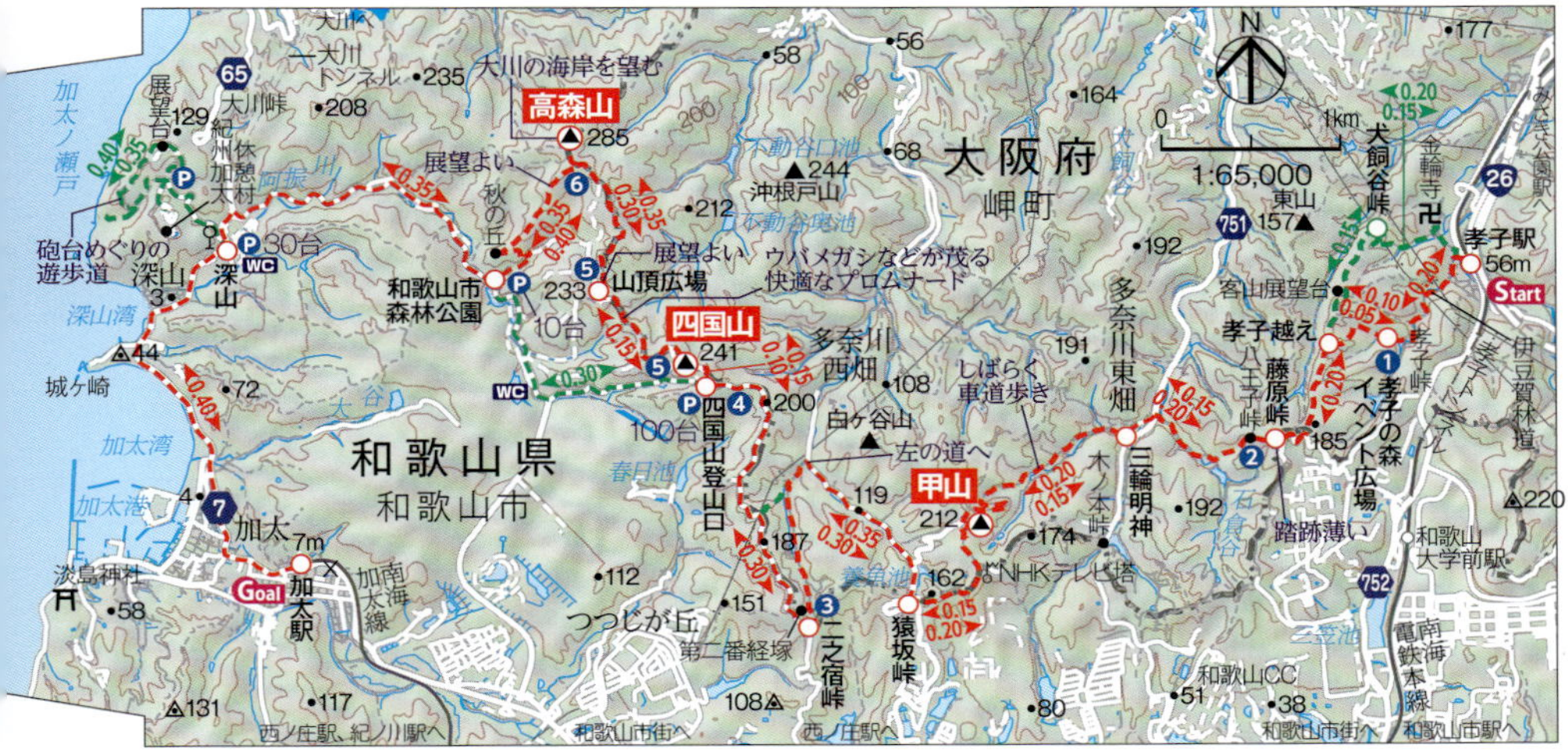

ばらくして友《とも》ヶ島から紀淡《きたん》海峡の大パノラマが開けてくる。

やがて、**四国山登山口**の加太森林公園広場へ。ひと登りで**四国山**山頂に着く。先ほどまで歩いてきた府県境尾根をはじめ、高森山、友ヶ島の眺望が開けている。

その先にある**山頂広場**をあとに、ウバメガシやコナラが茂る疎林帯の遊歩道を進む。やがて小さな鞍部のT字路に出る。左は森林公園秋の丘へ、ここでは右の**高森山**山頂に立ち寄る。大川《おおかわ》の集落を俯瞰し、その向こうに六甲《ろっこう》の山々、淡路《あわじ》島を望む。

山頂をあとに先ほどのT字路まで戻って直進すると、ほどなく友ヶ島や淡路島、加太《かだ》の瀬戸《せと》、四国山を望むビューポイントに出る。疎林帯の尾根道を下って秋《あき》の丘《おか》へ。急坂を**森林公園**の進入道路に下る。進入道路を右にとり、**深山**《みやま》の集落を経て南海**加太駅**へと向かう。

高森山縦走路から四国山(中央)を望む

CHECK POINT

1 孝子の森イベント広場。森内には尾根道などの各コースや客山展望台がある

2 八王子峠。藤原峠を経て八王子峠を越えると東畑の集落に下る

3 二之宿峠。林道分岐の約50㍍手前に葛城二十八宿の第二宿跡の祠がある

4 四国山登山口に建つモニュメント。遊歩道に入って四国山へ

5 四国山山頂の展望台。友ヶ島や淡路島をはじめ、遠く四国まで実に雄大

6 鞍部のT字路。高森山を往復し、その後、直進して秋の丘へ

葛城修験道の行場跡を訪ね、眺望と低山歩きを楽しもう

岩神山・札立山・泉南飯盛山

日帰り

いわがみやま　238m
ふだたてやま　349m
せんなんいいもりやま　385m

歩行時間＝5時間45分
歩行距離＝14.3km

技術度
体力度

コース定数＝24
標高差＝371m
累積標高差　896m　889m

春の奥辺峠はヤマザクラの花が美しい

泉南飯盛山山頂の展望デッキ

和泉《いずみ》山脈西端の泉南飯盛山と札立山、岩神山周辺は、低山ながら葛城《かつらぎ》修験道との関わりが深い山域で、多彩なコースに恵まれている。

JR六十谷《むそた》駅前を北に進み、すぐの分岐を左へ、500ﾒｰﾄﾙほど西進して四ツ辻を北に向かう。ほどなく伝教大師最澄《さいちょう》創建の古刹・**大同寺《だいどうじ》**に迎えられる。大同寺は六十谷薬師ともいわれ、これから向かう岩神観音の本寺でもある。参拝後、西側の路地を北にとる。しばらくして広い車道に突き当たる。右に有功《いさお》中学校、斜め左に**岩神観音の参道入口**がある。

車道を横断し、岩神観音の参道を登る。すぐの分岐を左にとり、谷道から支尾根に取り付くと岩屋観音へと導かれる。眼下に紀《き》の川河口、紀淡《きたん》海峡の海がまぶしく輝いている。すぐ上が**岩神山**の山頂だ。岩神観音同様、広大な眺望が開けている。

山頂をあとに、滝谷《たきだに》の十字路（**六十谷道分岐**）で六十谷道と合流して左へ。春はヤマザクラ、ツツジの花が咲く快適な道となる。やがて**奥辺《おくへ》峠**に着く。直進は大福山《だいふくやま》へ、ここは斜め左上にのびる**見返《みかえ》り山《やま》**から札立山への縦走路に入る。

見返り山で進路を西にとり、**鳴滝峠**を経て**札立山**へ。札立山をあとに、再び緩やかな起伏の縦走路を進む。やがて孝子《きょうし》観音、孝子駅方面の道が左に分岐（**孝子駅分**

■鉄道・バス
往路＝JR阪和線六十谷駅。
復路＝南海本線みさき公園駅。

■マイカー
阪和道和歌山北ICから県道7号を経てJR六十谷駅周辺のコインパーキングへ。

■登山適期
ヤマザクラの花は4月上旬、新緑は4月下旬～5月中旬、紅葉は11月下旬～12月上旬。雑木林の風情が美しいコースで、落ち葉の散り敷く冬枯れの季節もよい。

■アドバイス
▽六十谷駅から大同寺への道は住宅地が入り組んでおり、迷いやすい。
▽千間寺は役ノ行者開基の寺院で、戦国時代には根来寺の末寺として数多くの僧兵が住んでいたとされる。現在、井戸跡が残る。
▽札立山からのサブコースとして、大阪府と和歌山の府県境を西へ縦走し、平井峠に出て、南海本線孝子駅または南海本線紀ノ川駅に下るコースが設定できる。札立山（1時間30分）平井峠（35分）孝子駅。あるいは平井峠（45分）紀ノ川駅。
▽泉南飯盛山からのサブコースとして、高野山から孝子観音を経て孝子駅、または西谷寺を経て南海本線淡輪駅に下るコースが設定できる。泉南飯盛山（1時間45分）孝子観音（20分）孝子駅。泉南飯盛山（55分）西

岐）、続いて右に淡輪《たんのわ》駅方面の道を分ける。多くの僧兵が住んだという千間寺《せんげんじ》跡を経て**泉南飯盛山**山頂に登る。この山は葛城修験の行場跡で、幕末には番所が築かれていたところという。眼下に大阪湾や淡路《あわじ》島、遠く六甲《ろっこう》の山々の大パノラマが開けている。

下山は尾根道を北へ、緩やかに高度を下げる。振り返ると、どっしりとした山容の泉南飯盛山から大福山方面の主稜線が望まれる。なおも小さな起伏が続き、みさき公園から大阪湾を望むビューポイントに出る。

いっきに下って、第二阪和《はんわ》国道のガードをくぐり、住宅地を通り抜け、**みさき公園駅**へと向かう。

谷寺（40分）淡輪駅。

■問合せ先
和歌山市観光課☎073・435・1234、岬町産業観光課☎072・492・2730

■2万5000分ノ1地形図
淡輪

岩神山山頂から紀の川、和歌山市街方面を望む

みさき公園へと向かう尾根道からの泉南飯盛山

CHECK POINT

1 南叡山大同寺の山門。六十谷集落の奥まったところに建つ寺院だ

2 六十谷ニュータウン道路を横断すると、斜め左に岩神観音参道入口がある

3 岩神観音。和歌山市街が一望できる。すぐ上が岩神山の山頂だ

4 落ち着いた雰囲気の札立山山頂。樹林のすき間からわずかに展望が開ける

5 泉南飯盛山と孝子駅との分岐（孝子駅分岐）。泉南飯盛山へは写真の左の道へ

6 古井戸が残る千間寺跡。泉南飯盛山の山頂はすぐのところだ

＊コース図は46・47ページを参照。

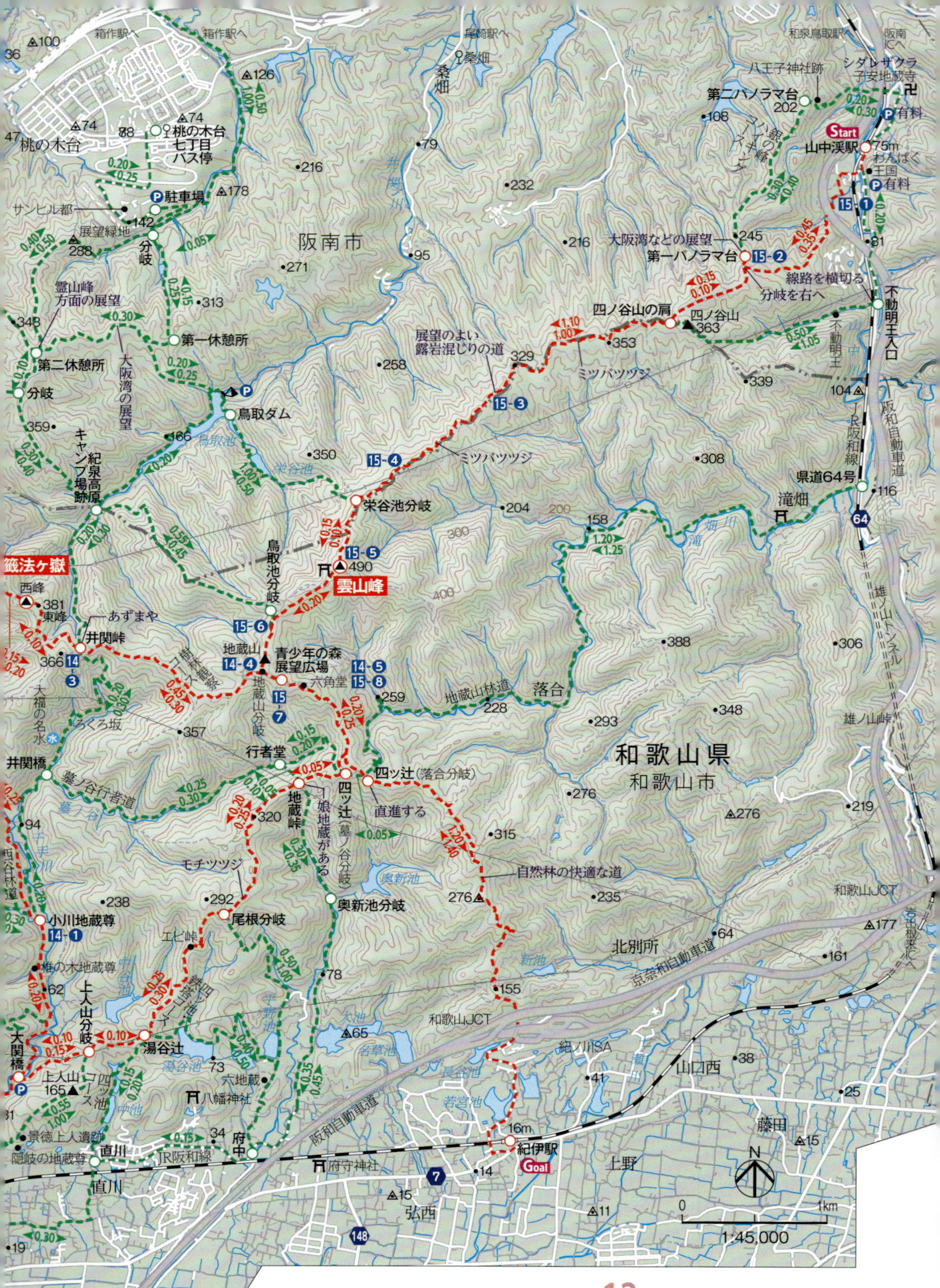

箱作駅へ
尾崎駅へ
和泉鳥取駅へ
阪南IC
桑畑
桃の木台
桃の木台七丁目バス停
駐車場
サンヒル都
展望緑地
分岐
霊山峰方面の展望
第二休憩所
第一休憩所
大阪湾の展望
鳥取ダム
鳥取池
栄谷池
キャンプ場跡
紀泉高原
阪南市
展望のよい露岩混じりの道
ミツバツツジ
四ノ谷山の肩
四ノ谷山
第一パノラマ台
第二パノラマ台
大阪湾などの展望
線路を横切る
分岐を右へ
八王子神社跡
シダレザクラ
子安地蔵寺
Start
山中渓駅
わんぱく王国
有料
不動明王入口
不動明王
阪和自動車道
JR阪和線
県道64号
滝畑
栄谷池分岐
雲山峰
鳥取池分岐
青少年の森展望広場
地蔵山
六角堂
地蔵山分岐
地蔵山林道
落合
雄ノ山トンネル
雄ノ山峠
和歌山県
和歌山市
籤法ヶ嶽
西峰
東峰
あずまや
井関峠
大福の名水
ころく坂
井関橋
墓ノ谷行者道
行者堂
地蔵峠
娘地蔵がある
四ッ辻
四ッ辻（墓ノ谷分岐）
四ッ辻（落合分岐）
直進する
自然林の快適な道
奥新池
奥新池分岐
モチツツジ
尾根分岐
エビ峠
小川地蔵尊
梅の木地蔵尊
上人山分岐
湯谷辻
大関橋
上人山
六地蔵
八幡神社
景徳上人遺跡
隠岐の地蔵尊
直川
府中
JR阪和線
府守神社
紀伊駅
Goal
北別所
京奈和自動車道
和歌山JCT
紀ノ川SA
阪和自動車道
山口西
藤田
上野
弘西
1:45,000
和歌山ICへ

淡輪駅
箱作駅へ
南海電鉄本線
みさき公園
道の駅みさき
夢灯台
望海坂
泉南メモリアルパーク
大阪GC
Goal
21m
みさき公園駅
稲荷山
淡輪ランプ
岬高
別所
阪南岬トンネル
第二阪和国道
箱ノ浦ランプ
大河内池
みさき公園団地
南海多奈川線
車道のガードをくぐる
提灯講山
198
泉南飯盛山の展望
飯盛山登山口
西谷寺
旗立山展望台
分岐
北展望台
二俣
由良要塞跡
関西空港などの展望
金谷山
112
深日ランプ
学文字山
212
大曲山
223
大阪湾の展望よい
鬼子母神
大阪府
岬町
組石山
420
大福山
427
窟跡
第三経塚跡
ヤマツツジ、モチツツジ
下孝子
泉南飯盛山
385
飯盛山信浄院
千間寺跡
尾根分岐
孝子駅分岐
孝子
反射板
高野山
285
孝子駅
孝子観音
(高仙寺)
WC
岬町青少年の森
尾根分岐
316
淡輪学校林記念の森
奥辺峠
ヤマザクラ
西谷池
八王子社跡
見返り山
323
展望
鳴滝峠
札立山
349
逢帰奥池
逢帰口池
逢帰ダム
上孝子バス停
並木橋
平井峠
和歌山岬トンネル
道標石碑
ふじとトンネル
鳴滝山
採石場
岩倉新道
花木団地
分岐
白衣観世音菩薩
展望よい
岩神山
238
岩神観音
六十谷道分岐
観音山
258
新池
平井ランプ
東谷池
弘法の滝
鳴滝不動参詣用駐車場
鳴滝不動
有功中
直川観音
岩神観音参道入口
大同寺
近大和歌山高
善明寺北バス停
鳴滝団地バス停
善明寺
大谷
宅地造成中
高塚山
172
愛宕山
92
大池
園部
四ツ辻を北へ
六十谷駅
14m
Start Goal
紀ノ川駅へ
和歌山駅へ
取り付き

14

日帰り

役ノ行者旧跡から葛城修験の行場跡を訪ねる

大福山・俎石山・籤法ヶ嶽

歩行時間＝5時間55分
歩行距離＝16・5km

技術度 ▲△△△△
体力度 ♥♥♡♡♡

だいふくやま 427m
まないたいしやま 420m
せんぼうがだけ 381m

コース定数＝**27**

標高差＝413m

累積標高差 ↗949m ↘949m

札立山から泉南飯盛山へと向かう縦走路から大福山(右)と俎石山を望む

大福山山頂から俎石山への道

役《えん》ノ行者《ぎょうじゃ》開基の本恵寺《ほんえいじ》の奥《おく》の院《いん》跡と伝えられる大福山、その東にある葛城《かつらぎ》修験の行所跡の籤法ヶ嶽、北の山稜にある1等三角点の俎石山。この3山をたどるコースを紹介する

JR六十谷《むそた》駅下車。千手《せんじゅ》川に沿って車道を北上する。**小川《おがわ》地蔵尊**のY字路を左にとって八王子《はちおうじ》道に入り、しばらく西谷《にしたに》林道を歩く。

やがて西谷池への道を右に分け、左手の**支尾根**に取り付く。コナラとクヌギの疎林帯をぬって高度を上げていく。八王子社跡を経て、T字路を右の**奥辺《おくへ》峠**へ。春はヤマザクラやツツジの花が彩りを添える道だ。

やがて、疎林帯の小広い台地の**大福山**山頂に着く。大福山は、葛城二十八宿の三之宿・千手寺跡とも伝えられる山で、南と西に展望が開けている。

大福山をあとに北尾根を進み、三之宿の経塚に立ち寄ったのち、さらに北にとり、**俎石山**の北展望台へ。大阪湾、関西空港、六甲《ろっこう》の山々の眺望が開けている。

大福山に戻り、左の井《い》関《せき》峠方面へ。しばらくして雲山峰《うんざんぼう》方面の眺望が開け、すぐに**籤法ヶ嶽**の西峰に着く。籤法ヶ嶽は西峰と東峰の2峰からなる峰で、ここで「谷行」といわれる厳しい葛城修行が行われていたという。江戸時代の地誌に、「巉巖《ざんがん》嵯峨《さが》として、登攀《とうはん》 頗《すこぶる》 苦《くるし》めり」と記されている。

ほどなく、江戸時代に番所が置かれたという**井関峠**に下る。左は鳥取《とっとり》池、右は墓《はか》ノ谷《たに》から六十谷方面、ここでは井関峠を直進し、**青少年の森展望広場**へと向かう。展望広場からは紀《き》の川河口から和歌

■鉄道・バス
往路＝JR阪和線六十谷駅。
復路＝JR阪和線紀伊駅。
■マイカー
阪和道和歌山北ICから県道139号を経て、JR六十谷駅の東側を流れる千手川沿いの車道を北上し、大関橋の駐車スペースへ。または六十谷駅周辺のコインパーキングへ。
■登山適期
夏の暑い時期を除けば、どのシーズンに歩いてもよい。奥辺峠のヤマザクラの花は4月上旬、ツツジの花は5月上旬、新緑は4月中旬～5月中旬。落ち葉の散り敷く晩秋から冬枯

CHECK POINT

小川地蔵尊を祀るY字路の分岐。ここでは左の八王子道に入る

小広い台地状の大福山山頂。多奈川方面を望む

井関峠のあずまや。写真の直進路は鳥取池への道、ここでは右の青少年の森へ

地蔵山分岐。雲山峰からの道が左から合流する。直進して青少年の森へ

青少年の森・六角堂広場。眼下に和歌山市街を望む

＊コース図は46・47ページを参照。

籤法ヶ嶽西峰の山頂。和歌山市街、大福山を望む

奥辺峠に立つ道中安全地蔵尊

1等三角点の俎石山山頂。すぐ北に展望台あり

山市街の眺望が大きく開けている。

広場をあとに六角堂《ろっかくどう》に下ったのち、JR紀《き》伊《い》駅・六十谷駅方面へ。すぐのY字路を右上にとって、**四ツ辻**《よつじ》（落合分岐）に下る。左は落合《おちあい》、右は行者堂への道で、ここでは四ツ辻を直進し紀伊駅方面へ進む。自然林のプロムナードを楽しもう。

やがて、阪和《はんわ》道紀ノ川SAのすぐ西の車道に下って、**JR紀伊駅**へと向かう。

れの季節もよい。

■アドバイス

▽本文ではJR紀伊駅の下山ルートを紹介しているが、時間や体力に合わせ、井関峠からJR六十谷駅に下山してもよい（1時間40分）。青少年の森展望広場から墓ノ谷を経て、JR六十谷駅に下山など、多彩なルート設定が可能（青少年の森展望広場から六十谷駅まで2時間10分）。

▽俎石山から桃の木台を経て南海本線箱作駅に下ってもよい。桃の木台七丁目バス停から南海ウイングバス南部7分で箱作駅へ。俎石山（25分）第二休憩所（30分）第一休憩所（40分）桃の木台七丁目バス停。

■問合せ先

和歌山市観光課☎073・435・1234、阪南市まちの活力創造課☎0724・71・5678、南海ウイングバス南部本社営業所☎072・467・0601

■2万5000分ノ1地形図

淡輪

15 雲山峰

大阪湾・関西空港を一望する紀泉アルプスを行く

日帰り

うんざんぼう
490m

歩行時間＝4時間55分
歩行距離＝10・7km

技術度 ■□□□□
体力度 ■□□□□

コース定数	＝19
標高差	＝476m
累積標高差	登り 690m / 下り 749m

俎石山第一休憩所からの雲山峰

雲山峰は、『紀伊続風土記《きいぞくふどき》』に、「近国渡海の船、此嶺を望みて方角を知るといえり。もっとも絶景なり」と記される、紀泉《きせん》アルプスを代表する山だ。山頂には、八大竜王《はちだいりゅうおう》の小祠が祀られている。

JR山中渓駅《やまなかだに》下車。JRの線路と並行する車道を南へ進み、すぐのところにある分岐を右折して阪和線の踏切を渡る。銀《ぎん》の峰《みね》ハイキングコースのゲート、ついで阪和《はんわ》自動車道のガードをくぐり、山裾に取り付く。

いきなり疎林帯の急登にかかる。春にはミツバツツジが山道を彩る。登っていくと、やがて銀の峰ハイキングコースの分岐に出る。左は雲山峰方面への縦走コース、右は銀の峰第一・第二パノラマ台を経て、山中渓駅に一巡する銀の峰ハイキングコースだ。まずは右へすぐのところにある、銀の峰**第一パノラマ台**に立ち寄る。大阪湾や淡路《あわじ》島、遠く六甲《ろっこう》方面が見渡せる。ひと休憩のあと分岐に戻り、雲山峰へと向かう。

四ノ谷山《したにやま》の肩をすぎると、砂岩層の地肌が露出した、緩やかな起伏のプロムナードが続く。右手に鳥取《とっとり》池・栄谷池への道を分けると（**栄谷《さかえだに》池分岐**）、**雲山峰**の山頂はすぐだ。

山頂をあとに主稜線を伝い、鳥取池分岐を経て地蔵山《じぞうやま》分岐へ。右は井関《いせき》峠への道で、ここでは直進して**青少年の森展望広場**へ向かう。展望広場からは、紀《き》の川河口や紀淡《きたん》海峡、遠く和歌浦《わかのうら》方面の大パノラマが開けている。

下山は六角堂《ろっかくどう》休憩舎を経て、紀伊・六十谷《むそた》方面に向かう。Y字路を右へ進み、**四《よ》ツ辻《つじ》**（墓《はか》ノ谷《たに》分岐）に出る。右は行者《ぎょうじゃ》堂を経てJR六十谷駅へ下る道、左は先ほどのY字路からの道と合わさったあと、JR紀伊駅へ向かう道。ここでは直進して、四《よ》ツ池・鉄塔コースに

山中渓駅の北にある子安地蔵寺のシダレザクラ

■鉄道・バス
往路＝JR阪和線山中渓駅。
復路＝JR阪和線六十谷駅。

紀泉アルプスとよばれる雲山峰に向かう縦走路。4月上旬にはミツバツツジが咲く

入る。

分岐から少しで、展望のよい鉄塔広場の十字路（**地蔵峠**）に出る。右は行者堂、左は府中《ふちゅう》に下る道で、ここでも直進する。自然林のプロムナード、快適に足を進めよう。

やがて、四ツ池への**湯谷辻**《ゆたにつじ》に着く。ここは右にとって、小さなコブを越えて**大関**《おおぜき》**橋**の北詰に下る。あとは千手《せんじゅ》川沿いの道を**JR六十谷駅**に向かう。

CHECK POINT

銀の峰ハイキングコース入口。すぐ先の阪和道をくぐり、ハイキングコースへ

銀の峰ハイキングコースの第一パノラマ台。大阪湾から六甲の山々、関西空港を望む

紀泉アルプスの木陰でひと休憩。左前方は雲山峰方面

栄谷池分岐の手前からは大福山や俎石山が見える

紀泉アルプスの最高地点・雲山峰山頂。八大竜王を祀る祠が置かれている。

雲山峰山頂をあとに、青少年の森の展望広場へ。春はヤマツツジが咲く道だ

青少年の森展望広場。眼下に和歌浦や紀の川河口から紀伊水道の海などが見える

展望広場から5分ほどで、青少年の森広場の六角堂休憩所に着く

■マイカー
阪和道阪南ICから府道64号を南進、山中渓わんぱく王国駐車場（有料）へ。または阪和道和歌山北ICから県道7号を経てJR六十谷駅周辺のコインパーキングへ。

■登山適期
夏の暑い時期を除けば、いつのシーズンに歩いてもよい。ミツバツツジの花は4月上旬～中旬、新緑は4月下旬～5月中旬。登山口の山中渓駅周辺はサクラの名所で、4月上旬には大勢の花見客でにぎわう。

■アドバイス
▽銀の峰ハイキングコースは、JR山中渓駅西側の山稜を一巡するファミリー向きコースとして整備されている。春にはミツバツツジの咲くルートで、第一・二パノラマ台からは大阪湾、関西空港の眺望が開ける。JR山中渓駅（45分）第一パノラマ台（30分）第二パノラマ台（20分）JR山中渓駅

▽雲山峰周辺には、和歌山県側、大阪府側ともに数多くのハイキングコースが整備されており、四季を通じて訪れる人が多い。

■問合せ先
和歌山市観光課☎073・435・1234、阪南市まちの活力創造課☎0724・71・5678

■2万5000分ノ1地形図
淡輪・岩出

＊コース図は46・47ページを参照。

16 ボンデン山

ぼんでんさん 469m

新義真言宗総本山・根来寺から一風変わった名前の山へ

日帰り

歩行時間＝3時間5分
歩行距離＝9・7km

技術度
体力度

コース定数	＝16
標高差	＝378m
累積標高差	689m / 638m

サクラの花が咲く元気の森の管理車道

ボンデン山展望台から雲山峰方面を望む

ボンデン山は、和泉《いずみ》山脈の中央部に位置する山で、十二天のひとつ、梵天《ぼんてん》が語源という。ボンデン山の南裾には、新義真言《しんぎしんごん》宗総本山の根来寺《ねごろじ》がある。覚鑁上人《かくばんしょうにん》開祖の根来寺には、国宝指定の大塔をはじめ、大師堂や大伝法堂《だいでんぽうどう》などが甍《いらか》を並べている。根来寺の僧兵は戦国時代、鉄砲で武装した根来衆として恐れられた。根来寺から根来山げんきの森遊歩道を経てボンデン山に向かうコースを紹介する。

根来寺バス停から根来寺入口の身代《みがわり》（錐鑽《きりもみ》）不動尊の参道に入り、鐘楼横から支尾根に取り付く。なだらかな自然林の道を登っていくと、げんきの森の**西展望広場**に着く。南側の紀《き》ノ川平野、高積山《たかつみやま》方面の展望が開けている。

遊歩道のG、I地点と進み、管理車道を右にとって、**げんきの森管理棟**へ。げんきの森は自然体験できる公園で、園内には遊歩道などが整備されている。

管理棟右手奥から、支尾根の遊歩道に入る。遊歩道は土仏《つちぼとけ》林道と並行しながら、緩やかに高度を上げていく。やがてP地点で**土仏林道**と合流する。しばらく林道を進み、新土仏峠を北へ。**馬分《うまわ》かれ**の分岐を直進する。

林道の緩いアップダウンをくり返し、右の山道を登ってボンデン山山頂へ。残念ながら、展望はな

■**鉄道・バス**
往路＝JR和歌山線岩出駅前から和歌山バス那賀で根来寺へ。または南海本線樽井駅前から和歌山バス那賀で根来寺へ。
復路＝つづら畑バス停から泉南市さわやかバスでJR阪和線和泉砂川駅へ。同バスで樽井駅に行くこともできる。

■**マイカー**
京奈和道岩出根来ICから根来寺駐車場（無料・トイレあり）へ。ただしサクラのシーズンは混雑する。さらに東に進んだ和歌山県植物公園緑化センター前から土仏林道に入ると根来山げんきの森駐車場（無料・トイレあり、火曜定休）がある。

■**登山適期**
通年。ヤマザクラの花は3月下旬、ミツバツツジの花は4月中旬～下旬、新緑は4月下旬～5月中旬の頃がベスト。落ち葉の散り敷く晩秋から冬枯れの季節もよい。

■**アドバイス**
▽植物公園緑化センターから根来山げんきの森入口までの土仏林道はよく整備されているが、土仏峠方面は道幅が狭く運転に注意。
▽根来山げんきの森は、根来寺に隣接する森林公園で、森林内には紹介コース以外にも多方向に遊歩道が整備されている。また、イベントも開催されている。

ボンデン山展望台からの関西空港方面の眺め

戦国時代に大勢力を誇った根来寺はサクラの名所

い。林道に戻り、信達《しんだち》無線中継所の建つババタワへ。林道をさらに進むと**ボンデン山展望台**に着く。

360度の展望が広がる展望台からは、足もとに堀河《ほりかわ》谷の樹海を俯瞰、お菊山《きくやま》から殿御山《とのおやま》の山稜、その向こうに大阪湾、関西空港、淡路《あわじ》島を望む。東から南には城ケ《じょうが》峰《みね》、三峰山《みつみねやま》、西には雲山峰《うんざんぼう》がひときわ高くそびえている。

帰路はババタワの分岐まで引き返してここを直進し、葛畑《つづらばた》集落の間を抜け、**つづら畑バス停**に下る。

▽根来寺入口の岩出市民俗資料館では、「風土と暮らしの移り変わり」を基本テーマに、根来寺をはじめ、岩出市の歴史・文化・風土の紹介を行っている。

■問合せ先
岩出市産業振興課☎0736・63・5840、和歌山バス那賀☎0736・75・2151、泉南市さわやかバス☎072・483・9871、根来山元気の森☎0736・61・7233、岩出市民俗資料館☎0736・63・1499

■2万5000分ノ1地形図
岩出

CHECK POINT

1 登山口へは根来寺入口の身代不動尊参道の門をくぐる

2 根来寺の身代不動尊の鐘楼の横から山道に入る

3 元気の森西展望広場。遊歩道を進み元気の森管理棟へ

4 元気の森管理棟。建物の右手奥から支尾根に取り付く

5 管理棟からの遊歩道と土仏林道が合流するP地点

6 ババタワの信達無線中継所。ボンデン山展望台へは右へ

17

葛城修験の大本山、修験道場の行場道をめぐる

犬鳴山

いぬなきさん

612m（大天上ヶ岳）

日帰り

歩行時間＝5時間35分

歩行距離＝11.8km

技術度

体力度

コース定数＝25

標高差＝451m

累積標高差 1042m 1042m

コース途中の犬鳴東手川林道から灯明ヶ岳、天狗岳方面を望む

犬鳴山は役小角《えんのおづぬ》（役ノ行者《ぎょうじゃ》）が大峰山《おおみねさん》を開く以前に開山したと伝えられることから、「元山上」ともよばれる。なお、犬鳴山という山はなく、七宝滝寺《しっぽうりゅうじ》を取り囲む高《たか》城山《しろやま》や経塚権現山《きょうづかごんげんさん》、天狗岳《てんぐだけ》、大天《おおてん》上ヶ岳《じょうがたけ》といった峰々を総称しての呼び名である。山中には七宝滝寺の名の由来となったという、7つの滝が懸かっている。

犬鳴山バス停を下車し、犬鳴温泉郷を抜けて犬鳴山参道に入る。山門をくぐると、カエデ、アラカシ、シラカシなどの木が茂る渓流沿いの道となり、ほどなく段を重ねる両界《りょうかい》ノ滝に迎えられる。

神宝橋と神明橋を渡ると、塔《とう》ノ滝に着く。すぐのところに、主人を命がけで大蛇から守ったという、犬鳴山起源の義犬の墓がある。

七宝滝寺の**本堂前の広場**に出て本堂を通り抜けると清滝《きよたき》堂で、その奥に**行者ノ滝**が懸かる。**本堂前の広場**まで引き返し、身代《みが》わり不動明王像の右奥から犬鳴山奥之院の灯明ヶ岳《とうみょうがたけ》への登山道に入る。いっきに高度を上げると鳥居前に着く。鳥居の先は裏行場の道で、蛇《じゃ》腹《ばら》、地蔵ヶ岳《じぞうがたけ》、馬《うま》の背《せ》を経て灯明ヶ岳へ続く。ここでは左手の登山道を登り、**灯明ヶ岳**に向かう。

灯明ヶ岳からすぐの登りで経塚権現山へ。尾根道を下って**T字路**に出る。右は天狗岳、左は大天上ヶ岳から大タワへの道だ。まずは**天狗岳**に立ち寄ったあと、**大天上ヶ岳**山頂を経て**大タワ**へ。大タワで車道と合流し、左にとって府県境沿いの車道を進む。五本松《ごほんまつ》展望台付近からは、龍門山《りゅうもんざん》や飯盛山《いいもりさん》、遠く高野《こうや》のパノラマが広がっている。

五本松分岐で近畿自然歩道を右に見送り舗装道を北へ。犬鳴東手《とで》川《がわ》林道を進み、高城山への登山道に入る。やがて高城山南肩の**四ツ**《よ》**辻**《つじ》に出る。右上が高城山山頂、左は表行場道で、ここは直進する。

その先の**秬**《きび》**谷分岐**で左にとり、コツツキ谷の登山道を下る。布引《ぬのびき》ノ滝を左に見て進むと、林道に出る。右へ林道をしばらく歩き、左下の山道へ入る。**本堂前の広場**に下り、往路を**犬鳴山バス停**に戻る。

行者ノ滝での滝行

■鉄道・バス

往路・復路＝南海本線泉佐野駅からJR阪和線日根野駅経由の南海ウイングバス南部で犬鳴山へ。犬鳴山へはJR阪和線熊取駅前またはJR和歌山線粉河駅前からのバスもある（和歌山バス那賀運行）。

■マイカー

阪和道上之郷ICから府道62号を経て犬鳴山駐車場（有料・トイレあり）へ。または京奈和道紀の川ICから県

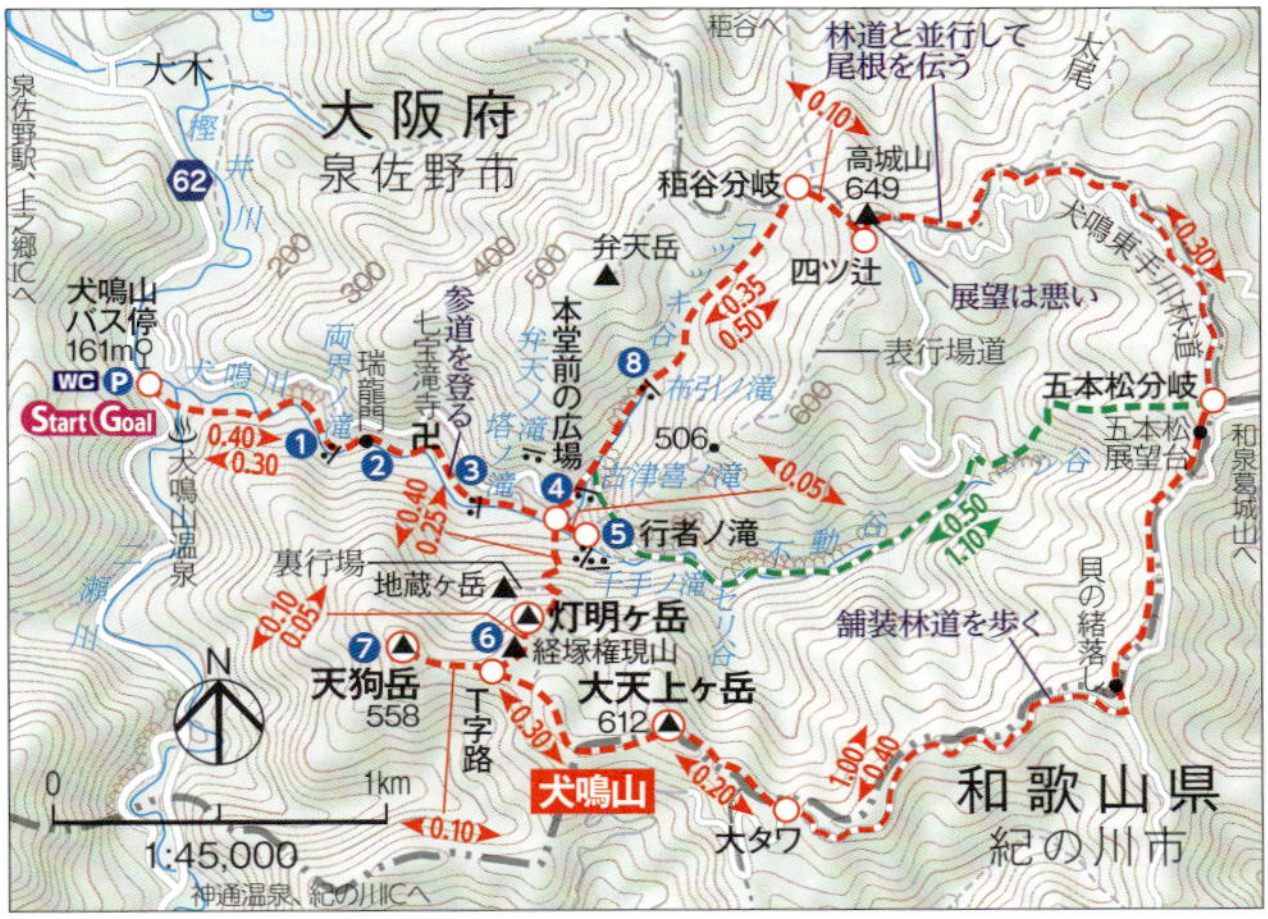

朱色の清滝堂。新緑に映える行者ノ滝とのコントラストが美しい

CHECK POINT

数段からなる両界ノ滝。俗世界と聖地を分ける滝で、「金胎両部の滝」の別名をもつ

行者迎えの門（瑞龍門）をくぐると、苔むした鮮やかな緑が広がる

大きな滝壺を抱く塔ノ滝を右の足もとに望む。新緑や紅葉が美しい場所だ

身代わり不動明王。左に弘法大師像、右に役ノ行者像が祀られている

清滝堂を抜けると、行者ノ滝に迎えられる

灯明ヶ岳から少し登ると、葛城第八番経塚である経塚権現山の山頂に出る

天狗ヶ岳魔王尊の石像が置かれている天狗岳の山頂

栢谷分岐からの下りの途中では、樹林の左足もとのすき間から布引ノ滝が懸かるのが見える

道62号を経て犬鳴山駐車場へ。

■登山適期

通年。七宝滝寺参道は夏でも涼しい。新緑は4月中旬〜5月中旬、紅葉は11月下旬〜12月上旬がベスト。

■アドバイス

▽犬鳴山には七宝滝寺の名の由来となった、両界ノ滝、塔ノ滝、弁天ノ滝、古津喜ノ滝、布引ノ滝、千手ノ滝、行者ノ滝の7つの滝が懸かる。7つの滝の水を本尊に供えて飲むと、どんな苦渋・難疾も治るとされる。

▽犬鳴山には裏行場、表行場などの登山道が整備されている。しかし、低山といえども厳しい箇所もあり、初級者だけの入山は避ける。

▽七宝滝寺では、山行場を歩いたり、滝に打たれたり、法螺貝を吹いてみたりなど、さまざまな修行体験を受け付けている（要予約）。

▽犬鳴山参道脇には犬鳴山温泉、大阪府と和歌山県の府県境沿いに神通温泉がある。

■問合せ先

泉佐野市観光協会☎072・469・3131、犬鳴山七宝滝寺☎072・459・7101、南海ウイングバス南部本社営業所☎072・467・0601、和歌山バス那賀☎0736・75・2151、神通温泉☎0736・77・7553

■2万5000分ノ1地形図

内畑・粉河

18

串柿の里・東谷から檜原越えで西国札所の名院・槙尾山へ

東の燈明ヶ岳・三国山

日帰り

歩行時間＝5時間25分
歩行距離＝14・2km

技術度
体力度

ひがしのとうみょうがだけ 857m
みくにやま 886m

コース定数＝27

標高差＝624m

累積標高差 ↗1154m ↘1161m

三国山を望む。大阪航空局航空路監視レーダーが目印

三国山は、紀伊《きい》、和泉《いずみ》、河内《かわち》の旧三国境にまたがっていたことが山名の由来で、かつては一乗ヶ岳《いちじょうがたけ》とよばれた。山稜には西国三十三カ所の西国巡礼道が通じており、南東尾根には役《えん》ノ行者《ぎょうじゃ》ゆかりの東の灯明ヶ岳がある。

東谷《ひがしだに》バス停を下車し、文覚上《ぶんかくしょう》人《にん》の荒行の地である**文蔵《ぶんぞう》の滝**へ。

シダレザクラの花が咲く施福寺本堂前の広場

神野《こうの》橋まで引き返し、串柿の里として知られる東谷集落に向かう。晩秋には、山道を串柿の玉のれんが彩る。サザンカの老樹やイチョウの大木のある**堀越癪《ほりこししゃく》観音**に立ち寄り、すぐ近くの駐車場横から東の燈明ヶ岳の登山道に入る。

いっきに登ると、舗装林道と出合う。左にとってすぐのY字路を右に進むと燈明ヶ岳展望台に着く。龍門山《りゅうもんざん》・高野山《こうやさん》の山並みが重畳と波打つ。なおも登ると、樹林に囲まれた**東の燈明ヶ岳**山頂に着く。役ノ行者座像の祠が祀られている。

ひと休憩後、府県境尾根を北に進む。葛城《かつらぎ》第十二番経塚の護摩《ごま》のタワには「左　まきのを」の道標石が行先を示している。

なおも府県境を**深《ふか》タワ**、畑山《はたやま》、槙尾辻《まきおつじ》へと進む。槙尾辻で左に七《なな》

■鉄道・バス
往路＝JR和歌山線笠田駅からかつらぎ町コミュニティバスで東谷へ。
復路＝槙尾山バス停から和泉市オレンジバスと南海ウイングバス南部（槙尾中学校前乗り換え）でJR阪和線和泉府中駅前または南海本線泉大津駅前へ。

■マイカー
京奈和道かつらぎ西ICから国道480号を北上、文蔵の滝（3台・無料）へ。または堀越癪観音から少し東の近畿自然歩道駐車場（無料・トイレあり）へ。堀越癪観音に向かう車道は狭い急坂道のため注意。

■登山適期
サクラやミツバツツジの咲く4月上旬～中旬、新緑の4月中旬から5月中旬、四郷（東谷、平、滝、広口）のつるし柿が軒先を彩る11月初旬～下旬頃がベスト。その後三国山から槙尾山周辺では紅葉が見ごろとなる。

■アドバイス
▽檜原越えは、西国三十三カ所の第三番札所・粉河寺から第四番札所・槙尾山施福寺へ向かう山越えの西国巡礼道で、道中には道標石仏が残る。
▽堀越癪観音から燈明ヶ岳を経て三国山に向かうルートは近畿自然歩道に指定されているが、ほとんどが林道歩きのため、ここでは、できる限り登山道を歩くコースを設定した。
▽串柿の生産地として知られるかつ

CHECK POINT

文蔵の滝。文覚上人が荒行をしたとも伝えられ、今なお滝行が行われている

十一面観世音菩薩を安置する堀越癪観音堂とイチョウの大木

護摩のタワの「左　まきのを」の道標石。すぐのところ右側に第十二経塚（朴留の経塚、護摩の多輪）が現れる

大阪航空局対空送信所の建物からすぐのところにある三国山の三角点。樹林に囲まれ展望は利かない

千本杉峠の三十丁石地蔵。直進の道がこれから向かう槇尾山方面

越峠《こし》への近畿自然歩道を見送り、直進して府県境尾根を登る。

やがて、西国三十三カ所霊場第三番粉河寺《こかわでら》から第四番の槇尾山施福寺《せふくじ》に向かう西国巡礼林道と出合う。巨大な大阪航空局のレーダードームが目の前だ。左は七越峠から粉河寺へ、右は施福寺への道で、ここでは林道を横断し、主稜線沿いの踏跡を右に進み、**三国山の三角点**に立ち寄る。

三角点をあとに主稜線を直進、西国巡礼林道と再び出合ったら、左の施福寺方面へと向かう。セトの三差路に出て左手の牛坂を下る。三十丁石地蔵がある**千本杉峠**《せんぼんすぎ》、二十丁、**十五丁**と続く丁石地蔵に導かれながら、檜原《ひばら》越《ご》えの古道を快適に進む。

やがて岩湧山《いわわきさん》が見えるようになると、槇尾山**施福寺**に迎えられる。施福寺参道を経て、**槇尾山バス停**へと下る。

樹林の中の燈明ヶ岳山頂。役ノ行者像の祠が祀られている

らぎ町神野地区（四郷地区）では、晩秋になると「串柿の玉のれん」が集落の各所で見られる。

■問合せ先
かつらぎ町産業観光課☎0736・22・0300、和泉市いずみの国観光おもてなし処☎0725・40・5552、かつらぎ町コミュニティバス☎0736・22・0300、和泉市オレンジバス☎0725・41・1551、南海ウイングバス南部本社営業所☎072・467・0601

■2万5000分ノ1地形図
内畑・岩湧山

19

三石山

駅と駅、ふたつの公園を結ぶコースを行く

日帰り

みついしやま

738m

歩行時間＝3時間35分

歩行距離＝8・3km

技術度

体力度

コース定数＝15

標高差＝599m

累積標高差 ↗665m ↘753m

雪をかぶった三石山を望む

杉村公園の丸尾池に架かる丸尾橋を渡る

三石山は、橋本《はしもと》市の北西部に、どっしりと腰をおろした大きな山塊で、橋本、紀見《きみ》、山田《やまだ》の旧3町村の境界石が置かれていたことに由来する（石は現在はない）。

南海**紀見峠駅**を出て、線路と並行する道を左へ向かい、踏切を渡る。すぐのヒエ谷分岐を右に行き、養叟庵《ようそうあん》（宝形山徳禅寺《ほうけいざんとくぜんじ》）の六ツ辻に出る。まっすぐは根古谷《ねこたに》を経て岩湧山《いわわきやま》への道で、ここでは左上の高山《たかやま》林道に入る。しばらくつづら折れの登りを続ける。

やがて登山道が左に分岐する（**登山道分岐**）。林道、登山道のどちらを歩いてもよいが、ここでは左の登山道に入る。高山森林公園内の山道を緩やかに登っていく。しばらくして、うっそうとした森に囲まれた**山の神**に迎えられる。

その先で高山林道と合わさり、登山道と林道が付かず離れずの中、緩やかに高度を上げていく。

テープなどに注意し、登山道を進むと、T字路の**横尾辻**《よこおつじ》に突き当

■鉄道・バス

往路＝南海高野線紀見峠駅。

復路＝南海高野線御幸辻駅。

■マイカー

京奈和道橋本ICから国道371号を経て杉村公園駐車場（無料）へ。

■登山適期

通年登れる。新緑は5月上旬～中旬、紅葉は11月中旬～下旬、高山林道を彩るサザンカの花は10月中旬～12月上旬。

■アドバイス

▽高山林道を歩いてもよいが、ここではできる限り登山道を歩くように設定した。赤テープなどを見落とさないように歩こう。

▽横尾辻を右にとると、岩湧山や南葛城山、根古峰などに通じるバリエーションルートが設定できる。

▽「和歌山県の朝日夕日百選」のひとつ高山森林公園には、紅白のサザンカが植栽されている。

▽杉村公園内には郷土資料館や遊歩道があり、ワンデイハイクが楽しめる。また、園内には、ボタンザクラやソメイヨシノ、ミツバツツジなどが植栽されている。

■問合せ先

橋本市観光協会☎0736・33・3552、紀伊見温泉紀伊見荘☎0736・36・4000

■2万5000分ノ1地形図

岩湧山

杉村公園・丸尾池越しに望む三石山

3等三角点がある三石山山頂。展望はない

たる。右は岩湧山への道で、ここでは左の三石山へと向かう。すぐの分岐を右上へとる。支尾根に取り付き、いっきに高度を上げていく。薄暗い杉林の間を行き、杉村公園分岐をすぎると**三石山**の山頂はすぐだ。小広い台地の山頂は樹林に囲まれ、展望は期待できない。

帰路は、先ほど登ってきた杉村《すぎむら》公園分岐を右にとって、南東尾根を緩やかに高度を下げていく。やがて「藤の寺」として知られる、子安《こやす》地蔵寺への山道を右下に見送る。

左から横尾辻の道が合流する**四ツ辻**は、右下にとる。樹林をぬう下りが続き、やがてY字路の普賢《ふげん》寺《じ》分岐に出る。ここでは左の尾根道を進み、杉村公園を目指す。やがて、杉村公園の丸尾《まるお》池を望むビューポイントに出る。遊歩道に下って、丸尾池に架かる吊橋の丸尾橋を渡る。春にはサクラ、ミツバツツジの花が遊歩道を彩っている。公園内の**郷土資料館**をすぎると、南海**御幸辻《みゆきつじ》駅**はすぐだ。

CHECK POINT

1 かの一休さんの法兄・養叟和尚隠棲の地、養叟庵

2 つづら折れの高山林道の途中で左手の登山道に入る

3 こんもりとした森に囲まれた山の神を祀る祠

4 横尾辻。右は岩湧山、目指す三石山へは左に進む

5 山頂直下にある杉村公園と三石山への分岐

6 四ツ辻分岐。ここは右手の杉村公園方面へ入る

20 日本の音風景百選の巨石群からダイヤモンドトレールを歩く

不動山・行者杉

ふどうやま 590m
ぎょうじゃすぎ 710m

日帰り

歩行時間＝5時間5分
歩行距離＝12・1km

技術度

体力度

コース定数＝**22**	
標高差＝551m	
累積標高差	884m
	859m

不動山の巨石。巨石群の間を抜けて不動山へ

「日本の音風景百選」のひとつ不動山巨石群は、山岳修験道の開祖・役《えん》ノ行者《ぎょうじゃ》が葛城山《かつらぎさん》から金峰山《きんぷせん》に岩橋を架けようとして、一言主《ひとことぬし》の神《かみ》に集めさせたとされている岩群で、岩の小さな穴に耳をあてると、風が渦を巻くような音が聞こえるという。かつて山深く不便な地域であった橋本《はしもと》市杉尾《すぎお》集落の村人たちは容易に紀《き》の川まで行けなかったため、この音を聞いて紀の川に思いを馳せたとされている。

ダイヤモンドトレール上にある行者杉

橋本市民病院前バス停で下車し、農免道路を東へ進む。「不動山巨石」の案内標識の立つT字路（**農免道路分岐**）を左折して、杉尾の集落に向かう。のどかな里山風景が広がる東谷《ひがしたに》川沿いの道を進み、**法輪山明王寺**《ほうりんざんみょうおうじ》へ。

不動山巨石群へは、階段道と、左手に迂回路が整備されている。ここでは、635段の急傾斜の階段を直上し、いっきに高度を上げる。30分ほどで迂回路が左手から合流すると、明王寺奥《おく》の院《いん》・不動山巨石群に着く。岩屋の中央に不動明王、左に金剛童子《こんごうどうじ》、右に八大《はちだい》龍王《りゅうおう》の石祠が祀られている。巨石群のひとつに、直径20センチほどの穴が空いている。耳を近づけて、かつての思いを感じてみよう。

巨石群の間を抜け、緩やかな尾根道をたどる。しばらくして、スギやヒノキに囲まれた**不動山**の頂に着く。なおも北へ尾根道をたどると、ダイヤモンドトレールと合流する。左は紀見《きみ》峠方面へ、ここでは右の金剛山《こんごうさん》方面へと進む。すぐ先にある役ノ行者を祀る**行者杉**は、樹林のすき間から西側の眺望が開けている。

ひと休憩のあと、ダイヤモンドトレールを紀見峠方面へ。**杉尾峠**を左に下ると不動山参道駐車場に戻るが、ここはダイヤモンドトレールを西へ縦走し、**タンボ山**から**西**《にし》**の行者**を経て**紀見峠**の宿場跡を抜け、**紀見峠駅**に下る。

法輪山明王寺奥の院。不動明王、金剛童子、八大龍王の石祠が祀られている

CHECK POINT

1 法輪山明王寺の本堂。すぐ右手に不動山巨石群への入口がある

2 不動山巨石群への635段もの急階段。左に迂回路がある

3 「ゴォー」という音が聞こえるという巨石の穴（写真左）

4 行者杉。山岳修験道の開祖・役ノ行者の祠が祀られている

5 杉尾峠分岐。直進は紀見峠、分岐を左に下ると不動山巨石群の駐車場へ戻る

6 タンボ山の道標。ベンチが置かれている。三角点はコースの外れにある

7 山の神の祠。道が二手に分かれるが、左右どちらも紀見峠にいたる

8 高野街道の「六里石」の石碑が立つ紀見峠

■鉄道・バス
往路＝南海高野線林間田園都市駅から南海りんかんバスで橋本市民病院前へ。
復路＝南海高野線紀見峠駅。

■マイカー
京奈和道橋本ICから国道371号を経て林間田園都市駅周辺のコインパーキングへ。または杉尾の不動山参道駐車場（無料・トイレあり）へ。

■登山適期
新緑は5月上旬～中旬、紅葉は11月中旬～下旬がベスト。

■アドバイス
▽ダイヤモンドトレール（通称ダイトレ）は、金剛葛城山系の北の屯鶴峯（どんづるぼう）から南の槇尾山までの稜線を縦走する、全長45㌔に及ぶ関西屈指の人気トレイル。金剛生駒紀泉国定公園内を屯鶴峯、二上山、岩橋山、大和葛城山、金剛山、岩湧山、槇尾山と縦走する。
▽西の行者から柱本を経て紀見峠駅へ。また山の神の分岐は左右のいずれも紀見峠駅に下ることができる。

■問合せ先
橋本市観光協会☎0736・33・3552、南海りんかんバス橋本営業所☎0736・32・0779、紀伊見温泉紀伊見荘☎0736・36・4000

■2万5000分ノ1地形図
五條・岩湧山

万葉集の故地・和歌浦の片男波海岸から名草山を望む

21

名草山

なぐさやま
229m

神武東征軍によって滅ぼされた名草姫ゆかりの山を歩く

日帰り

歩行時間＝3時間20分
歩行距離＝6・8km

技術度

体力度

コース定数	＝11
標高差	＝227m
累積標高差	上り 313m / 下り 313m

名草山は和歌山市南部にそびえる独立峰で、山腹に西国三十三カ所第二番札所の紀三井寺《きみいでら》がある。紀元前、名草山周辺は女性首長・名草戸畔《なぐさとべ》（名草姫）によって統治されていた。しかし、「神武東征《じんむ》」の神武軍によって名草戸畔は滅ぼされ、その後、遺体は頭、胴体、足の3つに分断され、頭は宇賀部《うかべ》神社（別名おこべさん）、胴は杉尾《すぎお》神社（別名おはらさん）、足は千種《ちくさ》神社（別名あしがみさん）にそれぞれ埋葬されたという。万葉集の故地・和歌浦《わかのうら》を一望する名草山山頂から、古代ロマンに思いをめぐらせてみよう。

JR紀三井寺駅を出て右へ、サクラの名所・**紀三井寺**に立ち寄る。サクラの木に囲まれた本堂広場は、和歌浦湾を望むビューポイントだ。参拝後は名草山の西側山麓を南下し、名草小学校前からJRの線路を渡る。100《メートル》ほどで路地を左折し、再び線路を横断、名草姫を祀る**内原《うちはら》神社**へ向かう。

内原神社入口の右手から支尾根に取り付く。しばらくして**マリーナ台**に登る。次の三差路を左にとって、和歌浦湾を一望する**見晴台**へ。ひと休憩のあとは、潮見《しおみ》地蔵を祀る**名草山**の山頂へと登っていく。山頂からは、和歌浦の章魚頭《たこず》姿山《しやま》から片男波《かたおなみ》、紀伊《きい》水道の海がまぶしく輝いている。

山頂を辞し、桜並木の山頂道を北に下る。日《ひ》の出台《でだい》を経て開墾の石積みが残る竹林の急坂を下って、**一本松広場**《いっぽんまつ》へ。右は広原《ひろはら》、左は三葛《みかずら》、左うしろは紀三井寺境内へと通じる。ここでは山頂道を直

■鉄道・バス
往路＝JR紀勢本線紀三井寺駅。
復路＝わかやま電鉄貴志川線竈山駅。
■マイカー
阪和道和歌山ICから宮街道、国体道路を経て紀三井寺駅周辺の駐車場（有料）へ。
■登山適期
通年。サクラの花が咲く3月末から4月上旬頃がベスト。眺望にも恵まれているため、冬枯れの季節もよい。
■アドバイス
▽登山ルートは周辺集落から放射状にあり、分岐も多いので注意。また、紀三井寺から直接名草山に登るルートもあるが、道標などは皆無。
▽坊主山第二休憩所の分岐は、いずれもはさみ池畔に下ることができる。
▽わかやま電鉄貴志川線の貴志駅は、三毛猫の「たま駅長」で一躍有名になった観光スポット。いちご電車やおもちゃ電車、たま電車が走る。
▽彦五瀬命は神武東征の際、難波の地で長髄彦と交戦中に矢傷を受け、落ちのびた紀国男之水門で亡くなったとされる。その後、彦五瀬命は竈山陵に埋葬されたという。
■問合せ先
和歌山市観光課☎073・435・1234、わかやま電鉄貴志川線☎073・478・0110
■2万5000分ノ1地形図
和歌山

進し、**坊主山《ぼうずやま》休憩所**を経て四ツ辻に下る。なおも直進し、坊主山第二休憩所をあとに、緩やかな起伏の尾根道を経て**はさみ池**畔に下る。

住宅街を通り抜けると、こんもりとした森に囲まれた**竈山《かまやま》神社**にいたる。竈山神社には神武東征の際、ここ紀伊の国で崩御した神武天皇の兄・彦五瀬命《ひこいつせのみこと》が祀られている。竈山神社に参拝後、わかやま電鉄**竈山駅**へ向かう。

西国三十三カ所第二番札所の紀三井寺。表参道の231段の石段「結縁坂」を登りつめ、本堂に参拝する。紀三井寺はサクラの名所としても知られる

CHECK POINT

名草彦之命、名草姫之命、大國主命の三神を祀る内原神社。神社入口の右手から尾根に取り付く

見晴台。片男波海岸から和歌浦を一望する眺望絶佳の展望スポット

ミニ西国巡礼の第二十四番・中山寺地蔵尊前を通り、名草山に登る

桜並木が続く名草山の山頂道。縦走路を北進して日の出台へ向かう

開墾の石積みが残る竹林の急坂をいっきに下る

一本松。手前が観音道で紀三井寺、右上が名草山山頂への道。ここでは尾根道を直進する

坊主山第二休憩所分岐。いずれの道もはさみ池畔に下る。まっすぐは稲荷社分岐を経てはさみ池へ

竈山神社本殿。本殿の背後には彦五瀬命の墓と伝えられる竈山墓（古墳）がある

章魚頭姿山山頂から雑賀崎方面を望む

22 章魚頭姿山

万葉集にも詠われた360度大展望の和歌浦を満喫する

たこずしやま
137m

日帰り

歩行時間＝4時間
歩行距離＝10.5km

技術度
体力度

コース定数＝16
標高差＝136m
累積標高差 556m 556m

　高津子山《たかづしやま》ともよばれる章魚頭姿山は、万葉集に詠われた和歌浦《わかのうら》の中心をなす山で、変わった山名は、海から眺めた山容がタコの頭のように見えることが由来という。以前は山頂までロープウェイが通じていた（1997年廃止）。

章魚頭姿山山頂からの片男波と名草山

　権現前《ごんげん》バス停下車。まずは、徳《とく》川家康《がわいえやす》公と紀州《きしゅう》藩の初代藩主・頼《より》宣《のぶ》公を祀る**東照宮《とうしょうぐう》**本殿に参拝しよう。**権現前バス停**に戻ったのち、北隣の和歌公園バス停から「潮騒《しおさい》の小径《こみち》」とよばれる遊歩道に入る。舗装されたウバメガシのトンネルを緩やかに登っていく。途中**和歌浦天満宮《てんまんぐう》分岐**を左へとり、**和歌浦天満宮**に立ち寄ってみよう。和歌浦天満宮は大宰府《だざいふ》天満宮（福岡県）、北野《きたの》天満宮（京都府）とともに「日本の三菅廟《さんかんびょう》」といわれ、学問の神様・菅原道真《すがわらみちざね》を祀っている。

　和歌浦天満宮分岐に戻って尾根道を進むと、三差路に出る。まっすぐは新和歌遊園のバス停へ、ここでは右の道を登る。すぐに左にカーブし、大きく視界が開ける。桜並木の道を進み、**章魚頭姿山**山頂へ。展望は雑賀崎《さいかざき》から紀伊《きい》水道、和歌浦湾、片男波《かたおなみ》から名草山《なぐさやま》、養翠園《ようすいえん》から紀《き》の川河口、加太《かだ》方面まで、360度思いのままだ。

■鉄道・バス
往路・復路＝JR阪和線・紀勢本線和歌山駅から和歌山バスで権現前へ。

■マイカー
阪和道和歌山ICから国道42号に入り、東照宮駐車場（有料）へ。和歌浦の海岸周辺には、雑賀崎、田ノ浦漁港、和歌浦漁港、片男波海岸など各所に駐車場がある。

■登山適期
通年。サクラの咲く4月上旬がベスト。

■アドバイス
▽雑賀崎灯台に向かう途中に、紀州藩による、かつての遠見番所跡がある。現在、海に囲まれた番所（ばんどこ）庭園として整備されている。
▽夏目漱石は和歌山での講演のた

和歌浦のパワースポット・蓬莱岩

帰路は桜並木の急坂を下って、かつてのロープウェイ乗り場跡に向かう。途中で山腹道を右へとり、雑賀崎方面に向かう。**田野**《たの》の切り通しの橋を渡って、山道を快適に進む。やがて**沖見**《おきみ》**橋**を渡ったのち、車道に下って左へ。しばらくしてトンガの鼻《はな》の遊歩道に入る（**トンガの鼻入口**）。眺望絶佳の**トンガの鼻**には、紀州藩が築いた大砲台場の遺跡（雑賀崎台場）が残されており、春には一本桜がきれいな花を咲かせる。

夕日のきれいな**雑賀崎灯台**を往復したのち、**トンガの鼻入口**の反対側の雑賀崎集落の細い路地に入って雑賀崎漁港に下る。海岸沿いの道を奥和歌大橋、浪早崎《なんばざき》トンネル、田ノ浦漁港と進み、和歌浦観光遊歩道へ。**蓬莱**《ほうらい》**岩**、和歌浦漁港を経て**権現前バス停**に帰り着く。

め、和歌浦で2日間滞在したことが知られ、小説「行人」はその時の様子を家族旅行として描いている。

▽章魚頭姿山の東側エリアには、片男波海岸をはじめ、不老橋、玉津島神社、塩竈神社、妹背山など万葉集や徳川家ゆかりの旧跡が点在し、時間が許せば立ち寄ってみたい。

■問合せ先

和歌の浦観光協会☎073・444・4349、和歌山市観光協会☎073・433・8118、和歌山バス和歌山営業所☎073・445・3131

■2万5000分ノ1地形図

和歌山

CHECK POINT

1 侍坂とよばれる108段の石段を上がって東照宮本殿へ

2 和歌公園バス停の横から潮騒の小径に入る

3 美しい極彩色が施された和歌浦天満宮（国重要文化財）

4 桜並木が続く潮騒の小径。山頂へは左上の道をとる

5 桜並木の山頂道を進み、章魚頭姿山山頂の展望台へ

6 桜並木を下り駐車場に向かう途中、右の山腹道に入る

7 雑賀崎台場に向かうトンガの鼻の山道（左は番所の鼻）

8 雑賀崎灯台。ここからの夕日は絶景

23 大旗山

おおはたやま
245m

南北朝時代の城跡を訪ね、僧兵の道を歩く

日帰り

歩行時間＝3時間35分
歩行距離＝10・7km

技術度

体力度

コース定数	＝15
標高差	＝235m
累積標高差	542m / 589m

南面の野尻山の支尾根からの大旗山の遠望

楊柳山《ようりゅうさん》ともよばれる大旗山の山頂には、南北朝時代の南朝方の重要拠点として築かれた篠《しの》ヶ城があった。北麓の不動谷《ふどうだに》には、休耕田を利用したビオトープ孟子《もうこ》のとんぼ池があり、遊歩道が整備されている。また、周辺は「竹の里」ともよばれるところで、のどかな里山風景が楽しめる。

貴志川沿線では竹の里風景が随所で見られる

大池《おおいけ》遊園駅から進路を西にとり、橋を渡って大池遊園に入る。車道を直進し、緩やかに**大谷峠《おおたにとうげ》**を越える。大河内《おおかわち》集落外れの三差路を左へ。竹林が美しい奥《おく》の池畔から、つづら折れの峠道を登る。ひと汗かく頃、**鶴者峠《つるしゃとうげ》**に登り着く。右は北の出城跡から大旗山に登る最短コースで、ここは峠を東に越え、ビオトープ孟子に下る。

右手に天堤《あまつつみ》池を見て、竹林の間を下ると、**孟子那賀寺《こうぼうだいしなかでら》**に着く。那賀寺は弘法大師開基と伝えられる寺で、境内に不動ノ滝が懸かる。参道を下って、とんぼ池へ。

池でひと息ついたら、大旗山を目指そう。谷道を直上するコースもあるが、ここでは、車道を東の**大旗山登山口**まで進み、斜め右手

孟子不動谷の里山を利用した
ビオトープ孟子内のとんぼ池

■鉄道・バス
往路＝わかやま電鉄貴志川線大池遊園駅。
復路＝わかやま電鉄貴志川線伊太祈曽駅。

■マイカー
阪和道和歌山ICからわかやま電鉄伊太祈曽駅駐車場（有料・トイレは伊太祁曽神社を使用）へ。またはビオトープ孟子駐車場へ。

■登山適期
サクラの咲く3月下旬から4月上旬、新緑の4月中旬～5月中旬がベスト。雑木林と竹林の風情が美しいコースなので、落ち葉の散り敷く12月中旬～3月の冬枯れの季節もよい。

■アドバイス
▽大旗山の北麓の孟子不動谷では、「NPO法人自然回復を試みる会ビオトープ孟子」が、水生植物や水生昆虫など、里山の自然回復を試みている。不動谷には孟子里山資料館がある。

のハイキング道に入る。クヌギ林の間をぬいながら、緩やかに高度を上げていく。東尾根の出城・孟子城跡をすぎると、本城跡の**大旗山**山頂に出る。紀北《きほく》エリアの南朝方の最後拠点がここ篠ヶ城という。守護・山名義理《やまなよしただ》によって落城したとされる。

山頂をあとに西尾根を下り、北の出城跡への分岐（黒岩分岐）に出る。直進は鶴者峠への道で、ここは左の黒岩《くろいわ》道へと進む。宝光寺《ほうこうじ》跡を経て山腹をトラバースし、地蔵峠を越えて黒岩の**観音寺**《かんのんじ》に下る。車道に出て右へとり、和田《わだ》川に沿って伊太祁曽神社に向かう。

南畑の小高い峠を越える。このあたりは竹林が美しい。やがて伊太祁曽《いだきそ》神社のルーツである亥《い》の社《もり》の旧社地の森に着く。路地を抜けると、**伊太祁曽神社**へと導かれる。伊太祁曽神社は木の神様である素盞嗚命《すさのおのみこと》の子・五十猛命《いそたけるのみこと》を祀る神社で、**伊太祈曽駅**はすぐだ。

CHECK POINT

1 大池遊園。周囲4㌔の大池畔には約800本のソメイヨシノが咲き誇る

2 鶴者峠。右は大旗山への最短路、ここを直進してビオトープ孟子に向かう

3 不動山那賀寺。厄除け不動の「孟子の不動さん」とよばれ親しまれている

4 南北朝時代の砦である篠ヶ城跡の大旗山（楊柳山）山頂。龍門山を望む

5 桜山城跡をあとに小さな峠を越えると、竹の里風景が広がる

6 伊太祈曽駅のたま電車。わかやま電鉄貴志川線は20～30分間隔の運転

木の国神話の伊太祁曽神社拝殿。古くから紀伊國一之宮として崇敬を集めている

▽本コースは、「僧兵の道・城跡トレッキングコース」となっている。かつて周辺が根来寺領であり、さらに道沿いに南北朝・室町時代の城跡が残ることからの命名という。

▽伊太祁曽神社は、日本の国に木種をまいたと伝えられる五十猛命を祭神とする、木の国神話の社。

■問合せ先

海南市観光協会☎073・483・8461、わかやま電鉄貴志川線☎073・478・0110、NPO法人自然回復を試みる会ビオトープ孟子☎073・488・0712

■2万5000分ノ1地形図

丸栖

キイシモツケの花が山頂を埋める紀ノ川平野の名峰

龍門山

りゅうもんざん
756m

日帰り

歩行時間＝4時間40分
歩行距離＝11.3km

技術度
体力度

コース定数＝**19**
標高差＝715m
累積標高差 ↗804m ↘804m

桃畑越しの龍門山。東側から眺めると富士を思わせる円錐形をなす

　龍門山は紀《き》ノ川平野の名峰で、円錐形の姿から「紀州《きしゅう》富士」と称される。『紀伊国《きいのくに》名所図絵』には、「府下（現在の和歌山市）より是を望むに、その形あたかも富嶽《ふがく》（富士山）に似たり」と記されている。蛇紋《じゃもん》岩の地質に好んで生育する、キイシモツケの群生地としても知られている山だ。

山中を彩るキイシモツケの花

　JR粉河《こかわ》駅を出て東へ。右折してすぐ踏切を渡り、直進して竜門橋を渡る。集落の間を直進し、突き当たりを左へ。クワの木の大木が茂るY字路を右にとる。果樹園の間を抜け、農道が合流すると、すぐに**一本松《いっぽんまつ》**の分岐に着く。右は中央コース、ここでは左の田代峠コースに入る。アカマツに混じってコナラ、リョウブなどの落葉広葉樹の道を登る。谷を横切ると、ちりなし池分岐に着く。

古戦場跡の龍門山山頂

　ちりなし池に立ち寄り、再び落葉広葉樹の道を登っていく。傍らに地蔵尊を見て、**田代峠**へ。左は飯盛《いいもり》山《さん》縦走路で、ここは右の主稜線をたどる。蛇紋岩の露岩混じりの緩やかな道が続く。左下から穂落《ほとし》コースが合わさると、磁石《じしゃく》岩に着く。**龍門山**山頂はすぐだ。

　5月下旬、龍門山北斜面はキイシモツケの小白花に覆われ、その向こうに和泉《いずみ》山脈、足もとに紀ノ川の眺望が開けている。

　山頂をあとに西へ進み、すぐのY字路を右にとって、中央コースを下る。キイシモツケの群生地の蛇紋原は、樹齢200年以上のキイシモツケの花が、5月中旬から約1か月の間、順次山頂に向かって咲いていく。

　中央コースをしばらく下ると、明神《みょうじん》岩分岐に着く。右にとってす

■**鉄道・バス**
往路・復路＝JR和歌山線粉河駅。

■**マイカー**
京奈和道紀の川ICから紀の川市杉原（すいばら）の龍門山登山口駐車場（無料）へ。一本松分岐に駐車スペースはあるが、一本松までの農道が狭く急坂道のため注意する。

■**登山適期**
タムシバやサクラの花が咲く4月上旬あたりと、ホウノキやキイシモツケの花が咲く6月中旬がベスト。

■**アドバイス**
▽龍門山脈には、南北朝時代の城跡

CHECK POINT

1 行く手にどっしりとした山容の龍門山を眺めながら竜門橋を渡る

▼

2 一本松の分岐は左の田代峠コースに入る。一本松の祠は分岐から約20メートル手前の広場に祀られている

▼

3 田代峠。峠越え道は黒川コース、左は飯盛山への縦走路。龍門山は右の主稜線へ

▼

4 龍門山最大の蛇紋岩・明神岩。隣に九頭龍王が出現したとされる風穴がある

▼

5 中央コースを下ると農道と出合う。コンクリート道を下って往路の一本松の分岐に戻る

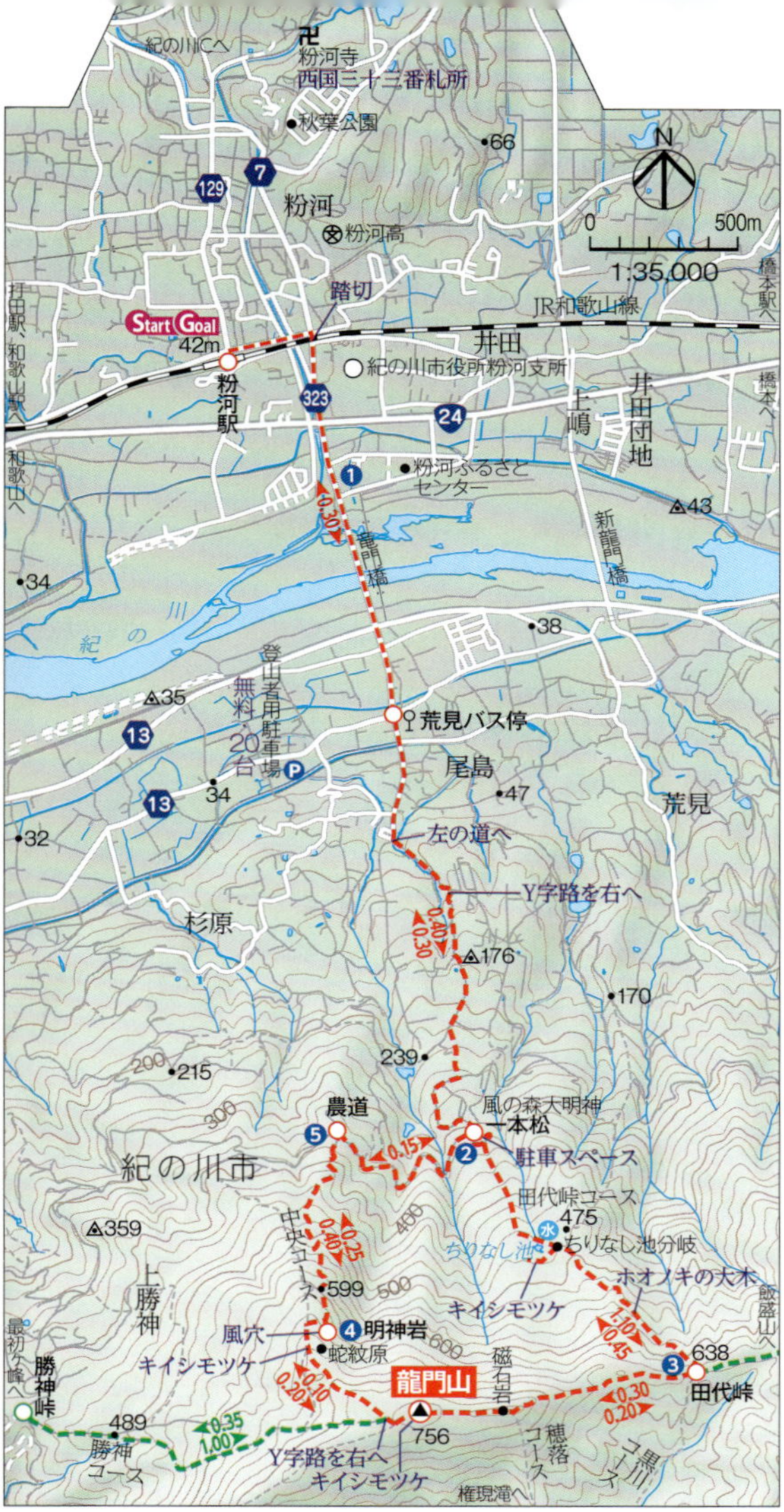

ぐ高さ30メートル・龍門山最大の蛇紋岩の**明神岩**があり、眼下に紀の川の蛇行が広がっている。隣に龍門山の名の由来となった九頭龍王《くずりゅうおう》が出現したとされる風穴がある。分岐に戻り、中央コースを急下降する。**農道**に出て右へとり、**一本松**に戻る。あとは往路を**JR粉河駅**へと向かう。

や古戦場跡が数多く残っている。飯盛山には2段の曲輪が残る飯盛城跡がある。飯盛山山頂へは田代峠から主稜線を東へ1時間30分。

▽龍門山からは、西へ縦走する勝神峠・最初ヶ峰コースがある。最初ケ峰は百合山ともよばれる南北朝時代の古戦場跡で、山中に新四国八十八カ所の石像が祀られている。龍門山（35分）勝神峠（1時間）最初ヶ峰（30分）竹房橋（40分）JR和歌山線打田駅。

▽南朝方の四條中納言隆俊が、ここ龍門山山頂に3千余騎を率いて集結、北朝方の尾張守義深率いる3万余騎と激闘がくり広げたという。

▽JR粉河駅から北へ約800メートルのところに西国三十三カ所第三番札所・風猛山粉河寺がある。

■問合せ先
紀の川市商工観光課☎0736・77・2511

■2万5000分ノ1地形図
粉河・龍門山

25

中将姫ゆかりの雲雀山と万葉人が歩いた白上の峰を行く

雲雀山・白上山

ひばりやま　201m
しらかみやま　184m

日帰り

歩行時間＝4時間5分
歩行距離＝11・3km

技術度
体力度

コース定数	＝16
標高差	＝195m
累積標高差（登り）	487m
累積標高差（下り）	483m

施無畏寺付近からは毛無島や苅藻島、遠くに白崎が望める

雲雀山は万葉《まんよう》故地・糸我《いとが》の山の一角をなし、中将姫が3年間隠れ棲んだところと伝えられている。西麓の熊野《くまの》古道・紀伊路《きいじ》沿いに、中将姫《ちゅうじょうひめ》ゆかりの雲雀山得生寺《とくしょうじ》がある。奈良時代の右大臣・藤原《ふじわら》豊成《とよなり》の娘として生まれた中将姫。その姫に妬みをもつ継母は、家臣の伊藤春時《いとうはるとき》に殺害を命じる。だが春時夫婦は姫を殺害することができず、姫を守るため剃髪して、それぞれ得生と妙生尼と改め、ここ雲雀山に庵を結んだ。それが得生寺のはじまりという。

雲雀山山頂から有田川を望む

JR紀伊宮原《みやはら》駅下車。有田《ありだ》川にかかる宮原橋を渡る。正面に糸我の山、左手に雲雀山を望む。宮原橋南詰の堤防を東へ。右折して国道を横断し、**得生寺**へと向かう。

得生寺を出て、熊野古道を南に進むと、「すく熊の道」の道標石の立つ四ツ辻に出る。直進すると、すぐに「ひばり山道」道標石のある**雲雀山登山口**に着く。

サクラの名所・施無畏寺

ここでいったん熊野古道と別れ、雲雀山登山道に入る。ミカン畑の間をいっきに高度を上げ、中将姫本廟の祠を祀る**雲雀山**山頂へ。有田川を眼下に望む。山頂周辺には、中将姫

■鉄道・バス
往路＝JR紀勢本線紀伊宮原駅。
復路＝JR紀勢本線湯浅駅。
■マイカー
阪和道有田ICから国道42号を進み、ふるさとの川総合公園（無料）か、くまの古道歴史民俗資料館駐車場（無料・トイレあり）へ。または湯浅町の観光者用駐車場（無料）へ。
■登山適期
通年。施無畏寺の花が咲く3月下旬から4月上旬がベスト。ミカンの実が色づく晩秋から冬の季節もよい。
■アドバイス
▽糸我峠から南に越える道は熊野古道で、本コースのサブルートとして利用できる。糸我峠から逆川王子跡、方津戸峠を経て、湯浅の街並みを抜け湯浅駅（1時間30分）へ。
▽湯浅町には醤油や味噌などの醸造業の発展による古い建物が多く残っており、国の「重要伝統的建造物群保存地区」に指定されている。特徴

祠や岩が点在する雲雀山山頂

CHECK POINT

1
得生寺（別名中将姫寺）。境内に万葉歌碑が立つ。門前を南に進み、一里塚から熊野古道を南下する

2
雲雀山登山口。雲雀山へは左（写真では右）のモノレール沿いの道を登る

3
鹿打坂峠の役ノ行者像。糸我から栖原に越える峠道として利用されていたという

4
西白上遺跡。明恵上人が23歳の秋に京都の高雄を出て、ここに初めて草庵を結んで厳しい修行を行った

5
道町の立石道標。北面は「すぐ熊野道」、南面は「いせかうや（伊勢高野）」、東面は「きみゐでら（紀三井寺）」

ゆかりの庵の跡や親子対面岩などが点在している。

山頂をあとに、南尾根の農道を進み、熊野古道の**糸我峠**に下る。ここで熊野古道を横切り、栖原《すはら》方面へ。かつて万葉人が利用したという**鹿打坂《ししうちざか》峠**を越えて進路を南に変え、緩やかに高度を下げる。ミカン畑の小さな起伏の農道をたどるとしばらくして、波静かな湯浅《ゆあさ》湾に浮かぶ毛無《けなし》島や苅藻《かるも》島、鷹《たか》島の眺望が開けてくる。**白上山**の山頂はすぐのところだ。

山頂をあとに山道を下ると、桜並木のT字路に出る。右は明恵《みょうえ》上人《しょうにん》の東白上遺跡、左に進むと**西白上遺跡**へと導かれる。西白上遺跡は眺望絶佳のロケーション。石の卒塔婆の向こうに、かつて万葉人が通ったとされる白崎《しらさき》への海路が広がっている。

施無畏寺《せむいじ》を経て**栖原海岸**に下り、海岸沿いに**JR湯浅駅**へと向かう。

ある街並みとともに、かつて多くの醤油船が出入りした港の大仙堀、角長醤油資料館、歴史資料館の「甚風呂」など、タイムスリップしたような雰囲気が味わえる。

大仙堀は「しょうゆ堀」ともよばれ、船がここに入って直接醤油やその原材料の積み下ろしを行っていた

■**問合せ先**
有田市観光協会☎0737・83・1111、湯浅町観光協会☎0737・63・2525、くまの古道歴史民俗資料館☎0737・88・8528、角長醤油資料館☎0737・62・2035、栖原温泉☎0737・62・2198

■**2万5000分ノ1地形図**
湯浅

26

悲劇のプリンス・有間皇子終焉の地、藤白坂を歩く

藤白峠・拝の峠

日帰り

歩行時間＝4時間30分
歩行距離＝12・8km

ふじしろとうげ・はいのとうげ
322m（拝の峠）

技術度

体力度

コース定数＝**19**

標高差＝316m

累積標高差 ↗732m ↘728m

京都から熊野《くまの》に向かう熊野古道が和歌山県に入って、最初に出会う険しい登りが藤白坂である。藤《ふじ》原定家《わらていか》が「よじ登る」と称した難所だ。さらに古道を南下して、同じく難所だった拝の峠を越える。

地蔵峰寺裏手には御所の芝とよばれるビューポイントがある

JR海南《かいなん》駅を出て、旧国道を南へ。内海《うつみ》小学校のすぐ南の四ツ辻を左折。熊野古道、熊野一の鳥居跡の三差路へ。右へすぐ藤白墨製造の跡、鈴木《すずき》屋敷、間をおかずに五体王子《ごたいおうじ》のひとつ**藤白神社**が続く。樹齢千年を越えるクスノキの大木に迎えられる。

南方熊楠ゆかりの藤白神社

藤白神社をあとに阪和道のガードをくぐると、孝徳天皇の皇子・有間皇子《ありまのみこ》の墓と万葉歌碑が立つ三差路に着く。傍らに旅人の便宜と道中の安全祈願の丁石地蔵の一丁目地蔵があり、藤白峠まで案内してくれる。

丁石地蔵に導かれながら藤白坂を登っていく。四丁目地蔵の分岐で左上の古道に入る。やがて、画家・巨勢金岡《こせのかなおか》が童子と絵比べをしたという伝説の地・筆捨《ふですて》松に出る。竹林の急坂を登って**藤白峠**へ。

峠に建つ地蔵峰寺《じぞうぶじ》本堂裏手から御所《ごしょ》の芝《しば》のビューポイントへ。展望を満喫したら**藤白峠**に戻って、まっすぐ古道を南下する。県道に出る直前に細い路地を右に入って、橘本《きつもと》王子跡のある阿弥陀《あみだ》寺と岩屋山福勝寺《いわやさんふくしょうじ》に立ち寄る。

加茂《かも》川に架かる土《つち》橋を渡り、市《いち》

■鉄道・バス
往路＝JR紀勢本線海南駅。
復路＝JR紀勢本線紀伊宮原駅。

■マイカー
阪和道海南ICか海南東ICから海南駅近くのコインパーキングへ。または海南ICから藤白神社駐車場へ。

■登山適期
サクラの花が咲く3月下旬から4月初旬、新緑の4月中旬から5月中旬がベスト。秋から冬の季節もよい。

■アドバイス
▽藤白坂以外の大半が舗装道歩きのため、足に負担がかからない靴を使用する。また、コースはよく整備されているが、町道・農道などの分岐が多く、道標などに注意して歩こう。
▽サブルートは、藤白峠からJR紀勢本線冷水浦駅（30分）、藤白峠から曽根田峠を経て藤白神社に周回（1時間20分・74ページ「鏡石山」参照）、拝の峠から長保寺を経てJR紀勢本線下津駅（1時間10分）などがある。
▽丁石地蔵は専念寺の住職・全長上人が旅人の便宜をはかり、道中の安全を祈るため17体の地蔵を一丁（約109メートル）ごとに安置したもの。

■問合せ先
海南市観光協会☎073・483・8461、有田市観光協会☎0737・83・1111

■2万5000分ノ1地形図
海南・湯浅

美しい竹林が続く藤白坂（十三丁目地蔵）

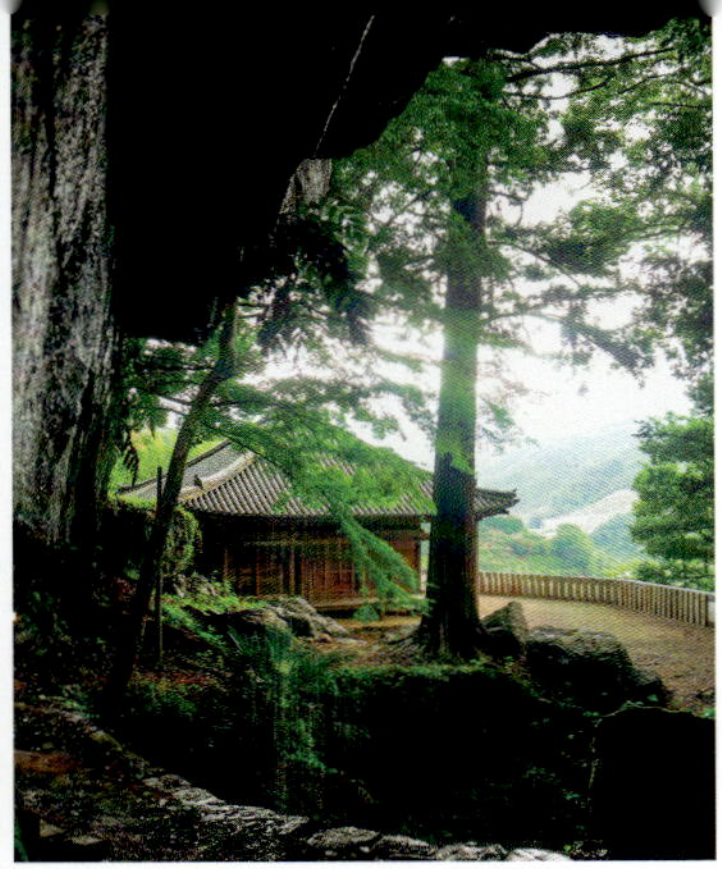

福勝寺境内の裏見の滝（落差20メートル）

巨大な一石彫りの地蔵を祀る地蔵峰寺本堂

坪《つぼ》川に沿ってしばらく車道を歩く。**橋本神社**、土俵がある**山路《やまじ》王子神社**を通過。ミカン畑の間を登りつめ、**拝の峠**に出て右へ。すぐ左の白倉山《しらくらやま》山腹の水平道に入る。長保寺《ちょうほうじ》への道を右下に見送ると下津《しもつ》湾の眺望が開け、やがて**蕪坂《かぶさか》王子跡**に着く。農道と交差しながら、古道をまっすぐ南下する。

坂を下り終えた谷間に**山口《やまぐち》王子跡**がある。Y字路を左にとり、かつて旅籠が軒を並べたという民家の間を直進する。踏切を渡り右折すると、**JR紀伊宮原《きいみやはら》駅**はすぐだ。

CHECK POINT

1

天皇への謀反計画が発覚し処刑された悲劇のプリンス・有間皇子の墓。隣に万葉歌碑が添えられている

2

藤白坂には17体の地蔵尊が祀られており、藤白峠へと導いてくれる

3

筆捨松。紀州徳川家初代藩主・頼宣公の命によって彫られた硯石がある

4

熊野古道を見下ろす高台に建つ岩屋山福勝寺本堂。本堂奥には裏見の滝がある

5

サクラの花がきれいな山路王子神社。境内に土俵が設けられている

6

白倉山山腹で長保寺への道を見送ると、右手に下津湾の眺望が開けてくる

＊コース図は76ページを参照。

27 鏡石山・熊尾寺山

別所越えから山城跡の点在する藤白山脈を縦走

日帰り

かがみいしやま 555m
くまおじやま 543m

歩行時間＝5時間30分
歩行距離＝14・4km

技術度
体力度

コース定数＝24
標高差＝549m
累積標高差 ↗881m ↘881m

山頂近くにある山名の由来となった鏡石。『紀伊国名所図会』に「高さ3丈、周り1丈あまり、万物写すこと、銅鏡にすぐれたり」と記される

和歌浦・片男波から海越しに臨む藤白山脈

海南《かいなん》市街の南、細長く東西にのびた藤白《ふじしろ》山脈には、要衝の地として多くの山城が築かれた。また熊《くま》野古道《のこどう》の藤白坂（72ページ）をはじめ、別所越《べっしょご》えや扱沢《ぐみさわ》越え、曽根田《そねだ》坂など、かつて南北に幾多の山越えの古道が通じていた。現在は山脈縦走や城跡めぐり、古道歩きなど、魅力あふれた山域として、ハイカーなどに親しまれている。その山脈のピークのひとつが、鏡石山と熊尾寺山だ。

JR海南駅の東口を出て、野上《のがみ》鉄道跡の健康ロードを歩く。阪和《はんわ》道のガードをくぐったところで、幡川《はたかわ》の集落に入る。**禅林寺《ぜんりんじ》**に立ち寄ったあと、別所越えの古道に入る。集落を抜け、谷沿いの道を進むと、牡牛《おうし》滝（コッテの滝）に着く。ここは峠越えの人々にとっての、格好の休憩地であったという。

ほどなく**薬師谷《やくしだに》分岐**に出る。右上は薬師谷に沿って雨《あめ》の大明神《だいみょうじん》へ、ここでは左の別所越えの古道を進む。山腹をぬいながら、緩やかに高度を上げていく。やがて幡川林道を横切ると雨の森・**陶芸の里**に着く。再び山腹道に入って、大野《おおの》城主の墓、続いて石組みが残る**別所茶屋跡**へ。

茶屋跡をあとに別所越えを進み、扱沢峠への分岐を右に登る。**扱沢峠**はすぐのところにある。藤白山脈縦走路を左へ進み、鏡石を経て、小広い台地の**鏡石山**山頂に登る。しばし山頂でのひとときをすごそう。

帰路は**扱沢峠**に下って、藤白山脈の広い尾根の鯛ノ峰を越える。樹林のすき間からは扱沢集落や黒《くろ》沢山《さわやま》、生石《おいし》ケ峰《がみね》が見えている。**熊尾寺山**を通過し、**雨の大明神分岐**を左にとる。

自然林の縦走路を快適に進み、**大野東城跡**へ向かう。土塁跡の縦走路を進み、西城跡へ。進路を西から北に変えていっきに下ると、農道に出る。しばらく農道を西へ進み、**曽根田峠**へ。まっすぐは藤白峠への道で、ここは右の曽根田坂を下る。かつての面影を残す広い道を、果樹園の間を抜けていくと**藤白神社**の東側に出る。一《いち》の鳥《とり》居《い》跡を経て**JR海南駅**に戻る。

海南市街から藤白山脈を望む

CHECK POINT

高野長峰霊場第一番札所の禅林寺。「幡川のお薬師さん」で親しまれている

別所越え古道の休憩地として親しまれた牡牛滝（コッテの滝）。傍らに不動明王像を祀る

陶芸の里をすぎると大野城主の墓が立つ。別所越えの古道沿いに祀られている

別所越え分岐。右（写真では左）にとって扱沢峠を経て鏡石山へと向かう

4等三角点の小広い鏡石山山頂。紀伊水道を望むことができる

扱沢峠。右は往路で通った別所越えの道。目指す熊尾寺山へは直進する

大野城跡（東城）。南北朝時代の拠点だったため、城主が次々と変わった

曽根田坂からは眼下に和歌浦や海南港を望むことができる

■鉄道・バス

往路・復路＝JR紀勢本線海南駅。

■マイカー

阪和道海南ICまたは海南東ICから海南駅近くのコインパーキングへ。

■登山適期

サクラの花が咲く3月下旬から4月初旬、新緑がまぶしい4月中旬から5月中旬がベスト。また秋から冬の季節もおすすめ。

■アドバイス

▽薬師谷分岐を右に登ると、雨の大明神に着く。かつて雨乞い行事が行われたところで、展望台からはマリーナシティや和歌山、海南市街が見渡せる。夜景スポットでもある。

▽雨の森・陶芸の里には、ギャラリー喫茶「風凧（ふうたん）」がある。陶芸教室なども開かれている。

▽曽根田峠を直進すると、熊野古道の藤白峠に着く。藤白峠から御所の芝に向かう手前の山道を右に下るとJR紀勢本線冷水浦駅にいたる。途中、蓮如上人が休息したという鼓ヶ畑の旧跡がある。曽根田峠（30分）藤白峠（10分）鼓ヶ畑（20分）冷水浦駅。

■問合せ先

海南市観光協会☎073・483・8461、ギャラリー風凧☎073・487・5006

■2万5000分ノ1地形図

海南

＊コース図は76ページを参照。

Start Goal
海南駅
6m
海南市役所
和歌浦湾
天然紀州黒潮温泉
和歌山マリーナシティ
琴ノ浦温山荘庭園
新日鐵住金
和歌山製鉄所
和歌山へ
和歌山駅へ
和歌山ICへ
城山
42
大野中
春日神社
海南高
健康ロード
幡川
禅林寺
海南東IC
370
18
一の鳥居跡
祓戸王子跡
鈴木屋敷
藤白神社
藤白墨製造の跡
海南IC
二丁目地蔵
妙法滝分岐
別所越え
衣笠山
ギャラリー風凪
陶芸の里
薬師谷分岐
雨の大明神
大野城跡
石碑
大野東城跡
大野城主の墓
別所
別所茶屋跡
雨の大明神分岐
熊尾寺山
543
飯盛山
445
西光寺越
鯛ノ峰
544
扱沢峠
扱沢
分岐を右へ
鏡石山
555
海南高原CC
冷水浦駅
鼓ヶ畑
諏訪崎
飯盛山
JR紀勢本線
寺の裏手に御所の芝と
よばれるビューポイントがある
地蔵峰寺
筆捨松
藤白坂
藤白峠
284
337
曽根田峠
曽根田坂
西城跡
424
496
車道に出る
雑木林の快適な縦走路
小広い台地
細い道の下り
海南市
阿弥陀寺
福勝寺
下津町中
下津駅へ
下津町曽根田
下津IC
土橋
橋本神社
車道に出る直前に
右の路地へ入り福勝寺へ
下津町引尾
下津町青枝
鉢伏山
195
下津町市坪
下津町大窪
下津町百垣内
下津町笠畑
山路王子神社
熊野古道（紀伊路）
念仏岩
405
長保寺
和歌山藩主徳川家墓所
民家の間の
急な登り
拝の峠
徳本上人名号碑
白倉山
455
岳山
350
阪和自動車道
釜中越
511
長谷越
544
有田東急GC
八丁峠
田角
高坪山
545
蕪坂王子跡
畑
大賀畑
太刀の宮
爪書地蔵尊
前田
長峰トンネル
猪ノ谷池
千葉山
542
長谷
鷲ヶ峰
586
山口王子跡
Y字路を左へ
宮原町道
有田市
有田川の展望よい
岩室城跡
岩室山
有田川町
船坂
大谷
田口
井口
Goal
10m
紀伊宮原駅
熊野古道
ふれあい広場
JR紀勢本線
480
長田
上中島
尾中
丹生
垣倉
庄
小島
糸我町西
湯浅駅へ
有田ICへ

山頂部の広大なススキ原のトレッキングを楽しむ

28

生石ヶ峰

広大なススキ原が広がる生石高原のトレッキング

おいしがみね
870m

日帰り

歩行時間＝4時間50分
歩行距離＝9・6㎞

技術度

体力度

コース定数	＝**20**
標高差	＝760m
累積標高差	858m（登り） 858m（下り）

『紀伊国名所図会《きいのくにめいしょずえ》』にて「其形《そのかたち》雄渾《ゆうこん》にして、虎の谷に踞《うずくま》るに似たり」と評される生石ヶ峰は、東西2キロに及ぶ広大なススキ原が広がる生石高原の主峰で、無線塔の建つ西オンジと、1等三角点のある東オンジの2峰からなる。開放感いっぱいの高原散歩が楽しめる。

小川八幡神社《おがわはちまん》に参拝後、梅本《うめもと》川沿いの車道を進む。**高露橋《たかつゆ》**、ついで南忠《なんちゅう》橋を渡り、すぐ先で左の急坂道に入る。いっきに登って**大《だい》観寺《かんじ》**前へ出て、ひと休憩のあと舗装道を右にとる。弘法《こうぼう》大師《だいし》ゆかりの押《お》し上《あ》げ岩を経て、シラカシの大木に覆われた**不動辻《ふどうつじ》**にいたる。直進して、大観寺の奥の院・**立岩《たていわ》不動**に立ち寄る。

不動辻に戻って右上の植林帯の道を登る。**龍王水《りゅうおうすい》**で林道を横切り、別荘地の間を抜けると、視界が大きく開け、生石高原のどまんなかへと導かれる。左手に**笠《かさ》石**、右手に火上《ひあ》げ岩がある。

晩秋には、生石高原一面にススキの穂が銀色に輝く。ススキ原の高原散歩を楽しもう。たどり着いた**生石ヶ峰**山頂からは四国、淡路《あわじ》島、振り返ると護摩壇《ごまだん》山から奥高《こう》野《や》の山々が重畳と波打っている。

山頂を東側に下ると、**生石《しょうせき》神社**に出る。生石神社前の林道を左にとり、やがて右下の登山道へ。ほどなく車道と合流し、右へすぐのところにある、石地蔵を祀る**旧札《ふだ》立《たて》峠**に向かう。ちなみに車道を東へ600メートルのところが新札立峠で、トイレがある。

車道を30メートルほど新札立峠方面に下ったのち、左の一本松《いっぽんまつ》コースに入る。再び車道が合流するが、これを横切ってジグザグの急坂道を下る。やがて**一本松**とよばれる平坦地に出る。樹々のすき間から生石高原の北面を望みながら、尾根道を下降する。

桜並木の間を抜けると、**小川八幡神社**へ帰り着く。

＊コース図は79ページを参照。

ススキ原から太陽が沈む栖原海岸を一望

CHECK POINT

1 石清水八幡宮の別宮とされる小川八幡神社に参拝後、梅本川沿いの車道を進む

2 イチョウの大木が枝を広げる大観寺でひと休憩。右手の車道を進む

3 シラカシの大木に囲まれた不動辻。直進道は立岩不動、左上の道が生石ヶ峰への登山道

4 笠石を中心にススキ原が広がっている。休憩に最適な場所だ

5 大火を焚いて雨乞いをしたという火上げ岩。ススキ原に大岩がそそり立つ

6 ススキ原の漫遊散歩で1等三角点の生石ヶ峰山頂を目指す

7 生石神社。一夜にして神が降臨し、突如高さ48メートルの立岩が出現したとされる

8 石地蔵を祀る旧札立峠。車道に出て右へ30メートルほどのところで左の一本松コースへ

弘法大師が護摩修行をしたとされる笠石

■鉄道・バス

往路・復路＝JR紀勢本線海南駅から大十オレンジバスで登山口下車。タクシーに乗り換え小川八幡神社へ。

■マイカー

阪和道海南東ICから国道370号を東進、県道180号に入り、小川八幡神社近くの生石ヶ峰登山口駐車場（無料・トイレあり）へ。山頂周辺のウォーキングのみの場合は生石高原山頂駐車場（無料・トイレあり）へ。

■登山適期

草木の芽が息づく春、さわやかな風が吹き抜ける夏、とくにススキの穂が輝く10月上旬～下旬がベスト。

■アドバイス

▽登山口バス停から歩いて生石ヶ峰を目指す場合は、旧道の福井峠を越えて福井の集落を抜けると、1時間あまりで小川八幡神社前にいたる。

▽笠石の北斜面に、レストハウス「山の家おいし」がある。眼下に広がる雄大な景色を満喫しながら、喫茶・軽食が楽しめる。テラスからは和泉山脈を一望できる。隣にキャンプ場が併設されている。

▽サブコースとして、生石ヶ峰北尾根コース、名寄松コースなどがある。小川八幡神社（1時間15分）名寄松（2時間）笠石。

■問合せ先

有田川町商工観光課☎0737・52・2111、紀美野町観光協会☎073・488・2611、大十オレンジバス☎073・489・2751、こおのタクシー☎073・489・2009、山の家おいし☎073・489・3586

■2万5000分ノ1地形図

動木

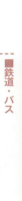

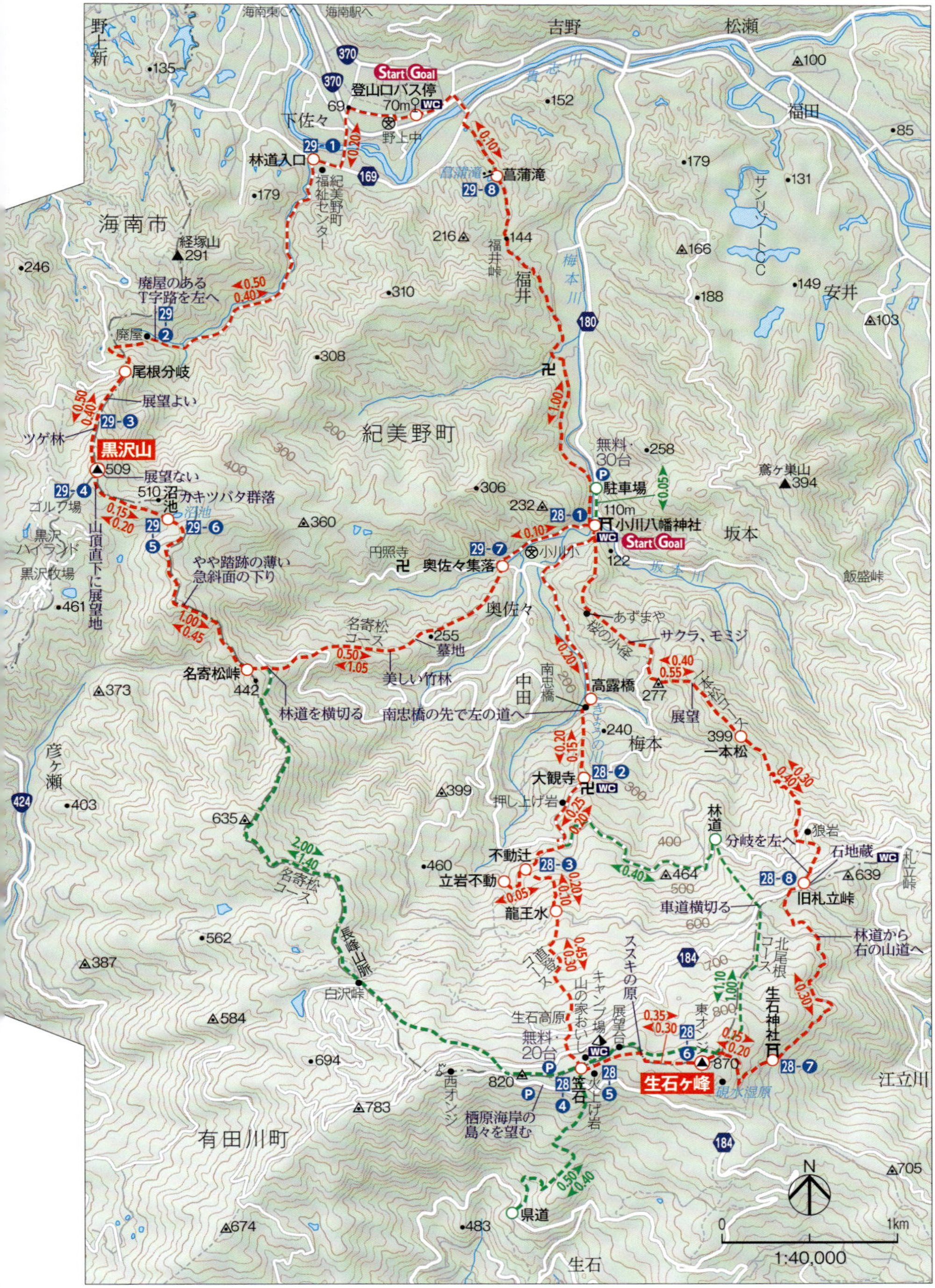

Start Goal
登山口バス停
70m
小川八幡神社
110m
駐車場
無料・30台
黒沢山
509
生石ヶ峰
870
菖蒲滝
林道入口
福祉センター
廃屋のあるT字路を左へ
廃屋
尾根分岐
展望よい
ツゲ林
展望ない
沼池
カキツバタ群落
山頂直下に展望地
やや踏跡の薄い急斜面の下り
名寄松峠
442
林道を横切る
名寄松コース
美しい竹林
墓地
奥佐々集落
円照寺
小川小
あずまや
桜の小径
サクラ、モミジ
展望
一本松
399
高露橋
南忠橋
南忠橋の先で左の道へ
大観寺
押し上げ岩
不動辻
立岩不動
龍王水
林道
分岐を左へ
狼岩
石地蔵
旧札立峠
車道横切る
林道から右の山道へ
北尾根コース
生石神社
生石高原
無料・20台
キャンプ場
山の家おいし
ススキの原
展望台
東オンジ
硯水湿原
笠石
火上げ岩
西オンジ
820
栖原海岸の島々を望む
県道
長峰山脈
白沢峠
海南市
紀美野町
有田川町
吉野
松瀬
福田
安井
坂本
梅本
中田
奥佐々
下佐々
野上新
彦ヶ瀬
生石
江立川
鳶ヶ巣山
経塚山
サンリゾートCC
黒沢ハイランド
黒沢牧場
ゴルフ場
飯盛峠
札立峠
1:40,000
0
1km
N

29

黒沢山

くろさわやま
509m

カキツバタの花が咲く沼池とツゲ群落の山を歩く

日帰り

歩行時間＝5時間25分
歩行距離＝11・1km

技術度 ★★
体力度 ★

コース定数＝20

標高差＝450m

累積標高差 ↗730m ↘730m

5月の沼池に咲くカキツバタ。この山に登るならぜひ見てみたい

黒沢山は生《お》石《いし》ヶ峰《がみね》（76ページ参照）の西にひときわ高くそびえる山で、蛇紋《じゃもん》岩の露岩が多く、コナラやウバメガシ、アカマツが多く茂っている。また、山頂部にはツゲが多く自生している。黒沢山中の標高465メートル地点には、尾根のくぼ地に自然にできた沼《ぬの》池がある。水は浅いが、腐植に富む泥土が深く堆積した沼沢で、カキツバタの自生地として知られている。紀美野《きみの》町福祉センター前の**登山口バス停**を下車し、舗装された**林道**に入る。谷沿いの林道が狭まると、廃屋のT字路に突き当たる。T字路を左にとって、杉林の植林帯の支尾根に取り付く。

尾根をいっきに登ると林道からの道が右から合流し（**尾根分岐**）、再び尾根を急登する。ツゲ群落の樹林のすき間から下佐々《しもささ》の集落が開けてくる。やがて、アカマツ林に囲まれた3等三角点の**黒沢山**の頂に着くが、展望は期待できない。

山頂をあとに尾根を南に下ると、すぐに展望のよい露岩地に出る。春にはハルリンドウの花が咲くところで、黒沢牧場やゴルフ場

■鉄道・バス
往路・復路＝JR紀勢本線海南駅から大十オレンジバスで登山口へ。

■マイカー
阪和道海南東ICから国道370号を東進、県道180号に入り、小川八幡神社近くの生石ヶ峰登山口駐車場（無料・トイレあり）へ。

■登山適期
通年可。新緑、カキツバタの花が咲く5月初旬から中旬がベスト。

■アドバイス
▽山の中に育ったカキツバタは、あまりにもデリケートで、人が一度踏みつけてしまうと二度と回復することができない。植物群を踏み荒らすことのないよう注意しよう。

▽黒沢山から沼池に向かう山腹道は踏跡が薄いため、テープなどに注意すること。

▽黒沢山南西の山腹に、黒沢牧場がある。牧場やゴルフ場、ボート、彫刻の丘などの施設が充実している。絞りたての牛乳を使ったソフトクリームはおすすめ。

■問合せ先
海南市観光協会☎073・483・8461、紀美野町観光協会☎073・488・2611、大十オレンジバス☎073・489・2751、黒沢牧場☎073・487・2900

■2万5000分ノ1地形図
動木

北面の野上八幡神社付近から黒沢山を望む

黒沢山登山道沿いに咲くリンドウ

を間近に望む。再び縦走路を進み、露岩帯の山腹道に入る。しばらくして**沼池**に着く。沼池は「日本の重要湿地500」に指定されている池で、5月初旬から中旬には、カキツバタの花が彩りを添える。

沼池をあとに縦走路を南に進み、やや踏跡の薄い急斜面を名寄《なよら》松《まつ》峠へといっきに下っていく。**名寄松峠**はかつてマツの大木があったところとされるが、現在はない。直進の道は生石ヶ峰への縦走路で（78ページ「アドバイス」参照）、ここでは左の道をとる。

峠を出ると、すぐに林道を横断する。この後は登山道と林道が交差・並行する道が続く。緩やかに下って**奥佐々《おくささ》集落**の舗装道に出る。谷沿いの舗装道を進み、**小川八幡《おがわはちまん》神社**へ。福《ふく》井《い》峠への旧道を進み、**菖蒲《しょうぶ》滝**を経て**登山口バス停**に下る。

CHECK POINT

1 歩きはじめから約20分、紀美野町福祉センター前の林道を南に入る

2 谷沿いの道を進むと廃屋前のT字路に出る。ここは左の道を登っていく

3 ツゲの林の尾根道からは、北東の下佐々集落が眼下に広がる

4 黒沢山山頂をあとにアカマツの林を抜けると再び展望が開ける。春にはリンドウの花が咲く

5 名寄松峠に向かう登山道沿いに沼池の入口がある

6 沼池は和歌山県内唯一の自然池。カキツバタなどの湿地性植物が咲いている

7 名寄松峠からの登山道を下ると、1時間弱で奥佐々集落の舗装道に降り立つ。途中美しい竹林がある

8 小川八幡神社をあとに福井峠を越え、菖蒲滝不動明王参道を下っていくと、菖蒲滝の岩窟に突き当たる

＊コース図は79ページを参照。

30 真妻山

まづまやま
523m

「日高富士」の頂から360度の眺望を満喫する

日帰り

歩行時間＝3時間
歩行距離＝6・0km

技術度 体力度

コース定数	＝14
標高差	＝435m
累積標高差	587m（登り） 587m（下り）

和佐方面からの真妻山。「日高富士」の名の通り均整のとれた姿だ

日高《ひだか》川河口付近から東の方向を望むと、「日高富士」と称される真妻山がそびえている。伊都《いと》の丹生《にゅう》に天降った丹生都《にうつ》姫神《ひめしん》が遷座の地を捜し求め、再び降り立った地が、ここ真妻山と伝えられる。真妻は姫神の美称とされ、この地方の産土神として崇められたという。

大滝川《おおたきがわ》森林公園から大滝川沿いの遊歩道を東へ進み、もみじ谷に入る。しばらくすると、美しい水を落とす涼《すず》みの滝に迎えられる。

360度の大パノラマが広がる真妻山山頂

滝をあとに、左上の山腹を巻き上がる。すぐに**徳本上人初行洞窟**《とくほんしょうにんしょぎょう》がある。念仏行者・徳本上人が一途に念仏を唱え、修行したところだ。隣の展望台でひと休憩したら、真妻山を目指そう。

クサリが付けられた大岩をからみ、名産の紀州備長炭《きしゅうびんちょう》の原木となるウバメガシやコナラの疎林帯の道を登っていく。傾斜が緩むと、西に煙樹ヶ浜《えんじゅがはま》、東にこれから向かう真妻山が指呼できる。左下から**フセ谷道**が合流すると、再び急斜面の登りとなる。これを登りきると、広々とした**真妻山**の山頂に着く。芝生広場の山頂からは、360度の展望が思いのままだ。東に矢筈岳《やはずだけ》や清冷山《せいれいさん》が、振り返ると、煙樹ヶ浜から日《ひ》の岬への海岸線が

■鉄道・バス
往路・復路＝JR紀勢本線和佐駅からタクシーで大滝川森林公園へ。

■マイカー
湯浅御坊道路御坊ICから県道25号を経て大滝川森林公園駐車場へ。

■登山適期
サクラの咲く4月上旬、4月中旬から上旬の新緑がベスト。ミカンの色づく12月、冬枯れの季節もよい。

■アドバイス
▽大滝川森林公園の駐車場からさらに大滝川沿いの車道を1㌔ほど進むと、約10台分の駐車場がある。右手のグラウンドから上人橋を渡ると、大滝川森林公園の駐車場からの道と合流する。
▽大滝川森林公園は、ファミリーを対象とした公園で、園内には涼みの滝や、徳本上人初行洞窟をめぐる遊歩道が整備されている。
▽真妻山へは、ここで紹介している上人コースをはじめ、山野道（表道）や松原道、フセ谷道など、各集落からの登山コースがある。
▽下山後はかわべ温泉「お宿喜作」、中津温泉あやめの湯「鳴滝」などで入浴できる。

■問合せ先
日高川町観光協会☎0738・22・2041、港タクシー☎0738・53・1711、中津温泉あやめの湯「鳴滝」☎0738・54・0488、

望まれる。

　帰路は主稜線を東へ進む。ウバメガシやコナラが茂る疎林帯の道を進むと、ほどなく**観音堂跡**《かんのんどう》に着く。ここで主稜線を離れ、左下の道をとる。踏跡に注意しながら、急勾配の北尾根を下る。いっきに植林帯を下って、25メートル滝をからみ終えると、**大滝川**の集落はすぐだ。ここで車道を右へとり、「お滝さん」で知られる**御瀧**《おたき》**神社**に立ち寄る。大滝川には備長炭の炭焼き釜が点在し、大滝川に沿って、まっ白い煙が立ち上っている。運がよければ、備長炭の窯出しを見ることができる。

　御瀧神社の参道を下ると、堂々とした大滝が姿を現す。御瀧神社をあとに、大滝川沿いの車道を**大滝川森林公園**に戻る。


かわべ温泉「お宿喜作」☎0738・52・0988
■2万5000分ノ地形図
御坊・古井

真妻山山頂から煙樹ヶ浜方面の眺め

水しぶきを上げて流れ落ちる大滝

CHECK POINT

もみじ谷に懸かる涼みの滝。美しい水を落としている。この後、谷を離れる

徳本上人初行洞窟の隣の展望台で、ひと休憩

大岩をからみ、ウバメガシやコナラの疎林帯の山腹をトラバースする

徳本上人初行洞窟をすぎ、露岩帯の山腹をクサリを使っていっきに登る

山頂をあとに東へ、主稜線沿いの縦走路を観音堂跡へ向けて進んでいく

観音堂跡で主稜線を離れ、左下の大滝川方面へ。この先大滝川まで急な下りが続く

日高川に映る飯盛山（中央）の雄姿。「中津富士」の別称もうなずける

31 飯盛山・長者ヶ峰

いいもりさん 538m
ちょうじゃがみね 651m

「中津富士」と称される飯盛山から長者ヶ峰への縦走

日帰り

歩行時間＝6時間
歩行距離＝8・9km

技術度
体力度

コース定数＝**23**
標高差＝603m
累積標高差 ↗893m ↘893m

日高川町《ひだかがわちょう》高津尾《たかつお》のあやめ橋付近から北の方を眺めると、三角錐の均整のとれた、ひときわ目を引く山がある。「中津富士《なかつふじ》」の飯盛山だ。その奥には、長者屋敷《やしき》伝説が残る長者ヶ峰がそびえている。

中津郵便局前バス停を降り、なかつ平成《へいせい》の森への進入道路に入ると、すぐに樹齢600年のクスノキが大きく枝を広げている。進入道路を鋭角に右に曲がって、平成の森駐車場に向かう。樹林のすき間越しに飯盛山が見えはじめると**参道入口**の分岐で、右手の金比羅《こんぴら》神社への山道に入る。ひと汗かく頃、**金比羅神社**にいたる。

参道入口に戻って、**なかつ平成の森**の広場（駐車場）へ。平成の森は植物・野鳥観察などの森林浴エリアとして整備されている。

広場横手の飯盛山登山口の標識にしたがって、丸太組みの石段を上がる。ウバメガシの林をぬう登りが続き、道標を頼りに高度を上げていく。しばらくすると左足もとに日高川の眺望が開けるが、再び視界の閉ざされた樹林帯の登りとなる。

いっきに高度を上げると、**飯盛山**の頂に着く。日高川を俯瞰する山頂からは、北西に次に向かう長者ヶ峰がゆったりと裾野を広げ、山稜には風力発電所のプロペラが

■**鉄道・バス**
往路・復路＝JR紀勢本線御坊駅から御坊南海バスで中津郵便局前へ。

■**マイカー**
湯浅御坊道路川辺ICから日高川沿いの県道26号を東進して平成の森駐車場（無料・トイレあり）へ。または県道脇の駐車スペースへ。

■**登山適期**
新緑の4月下旬〜5月中旬、冬枯れの3月頃がベスト。

■**アドバイス**
▽平成の森駐車場への進入道路は狭い急坂道のため、車での走行の際は注意すること。
▽飯盛山から長者ヶ峰の登山道は、部分的に踏跡の薄いところもあるが、テープなどに注意し、尾根を外さなければ問題はない。
▽なかつ平成の森の進入道路入口に、日高川町の天然記念物に指定されているクスノキ（胸高8メートル・高さ30メートル）がある。

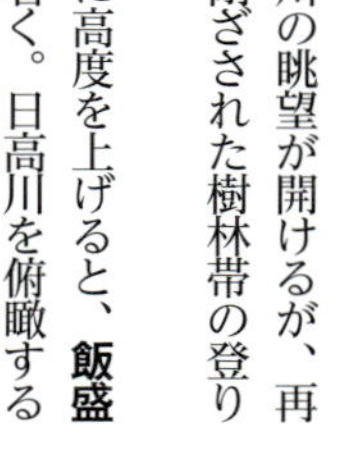

樹齢600年の大クスノキ。傍らに祠が祀られている

■**問合せ先**
日高川町観光協会☎0738・22・2041、御坊南海バス☎0738・22・1020、中津温泉あやめの

金比羅神社への道脇にある地蔵尊

丸太組みされたウバメガシ林の遊歩道を飯盛山へ

CHECK POINT

1 進入道路を登っていくと、均整のとれた飯盛山が見えてくる

2 参道入口で進入道路と一時別れ、右手の山道をしばらく登ると金比羅神社に着く

3 森林浴エリアのなかつ平成の森広場からは、高津尾集落をはじめ日高川の眺望が開けている

4 飯盛山山頂から日高川を俯瞰する

5 2等三角点の標石が埋まる長者ヶ峰の山頂。樹林に囲まれた小台地で、展望は期待できない

6 長者ヶ峰の山頂から北西方向に少し足をのばすと、風力発電のプロペラ群が間近にする景観が広がる

並ぶ。東に目を移すと、犬ヶ丈山《いぬがじょうやま》や矢筈岳《やはずだけ》、清冷山《せいれいさん》が重畳と波打っている。

山頂をあとに、なおも尾根道を北西へ、長者ヶ峰へと進む。薄い踏跡を拾いながら、緩やかな起伏の尾根道を伝う。時おり細い枝道が分岐しており、ルートを外さないように注意しよう。

やがて、西から北の展望が開け、長者ヶ峰が姿を現す。小さなコルに下って再び登り返すと、**長者ヶ峰**の山頂に着く。樹林に囲まれた山頂は、ここに長者の屋敷でもあったのだろうかと思わせる、小さな台地となっている。北へ尾根道を少し下ると大きく展望が開けた**展望地**がある。先ほど見えていた風力発電のプロペラ群が広がっているのが見える。

帰路は往路を戻る。

湯「鳴滝」☎0738・54・0488、かわべ温泉「お宿喜作」☎0738・52・0988
■2万5000分ノ1地形図
川原河

日高川対岸の犬ヶ丈山山頂からの矢筈岳。左後方は清冷山

3等三角点が埋まる矢筈岳山頂

堂々とした姿を見せる鷲の川の滝

32

矢筈岳

やはずだけ
811m

弓の弦に形容されるやせ尾根を伝って山頂に立つ

日帰り

歩行時間＝5時間40分
歩行距離＝14.0km

技術度

体力度

コース定数＝**26**

標高差＝724m

累積標高差 ↗1056m ↘1056m

日高《ひだか》川を挟んで対峙する犬《いぬ》ヶ《が》丈山《じょうやま》から東の方を眺めると、すっくと突き出たピークがひときわ目を引く。それが矢筈岳だ。男性的で荒々しい山容は、江戸時代の地誌『紀伊国《きいのくに》名所図会』に「郡中高嶺の一にして。山巒重畳《さんらんちょうじょう》せる中に抜出でたり」と記されている。また、山稜には紀伊の有力国衆・玉置《たまき》氏が築城したとされる、南北朝時代の山城跡がある。

鷲《わし》の川橋東詰から鷲の川沿いの県道に入り、眼下に渓谷を眺めながら歩を進める。しばらくして林道分岐のY字路を右にとると、すぐに**双子《ふたご》橋**に着く。

双子橋北詰の駐車場奥から、鷲の川遊歩道に入る。谷沿いに遊歩道を進むと、轟音とともに**鷲の川の滝**が姿を見せる。傍らに歌碑と

■**鉄道・バス**
起点の鷲の川橋近くに日高川町コミュニティバスの小釜本バス停があるが本数が少なく、御坊駅からタクシーを利用する。

■**マイカー**
湯浅御坊道路川辺ICから県道26・196号を経て鷲の川遊歩道入口の駐車場（無料・トイレあり）へ。

■**登山適期**
新緑は4月中旬～5月中旬、シャクナゲの花は5月初旬がベスト。

■**アドバイス**
▽鷲の川沿いの県道196号は道幅が狭く、すれ違いが厳しいところもあるため、走行に注意が必要。
▽鷲の川の滝は「紀の国の名水」のひとつで、『紀伊国名所図会』に、「荒川瀑布、高さ二十丈。滝の音、矢筈岳のふもとに轟きて渓をとざさる楓の林に白雲におりたつがごとくにして…」とある。モミジを中心とした紅葉が美しい（11月中旬～下旬）。
▽田尻城跡は標高810メートルの高所に位置し、初代の玉置大宣が重要拠点として築かせた城とされている。
▽犬ヶ丈山西山麓の日高川沿いに中津温泉あやめの湯「鳴滝」がある。隣にキャンプ場とバンガローが併設されている。

■**問合せ先**
日高川町観光協会☎0738・22・2041、御坊南海バス☎0738

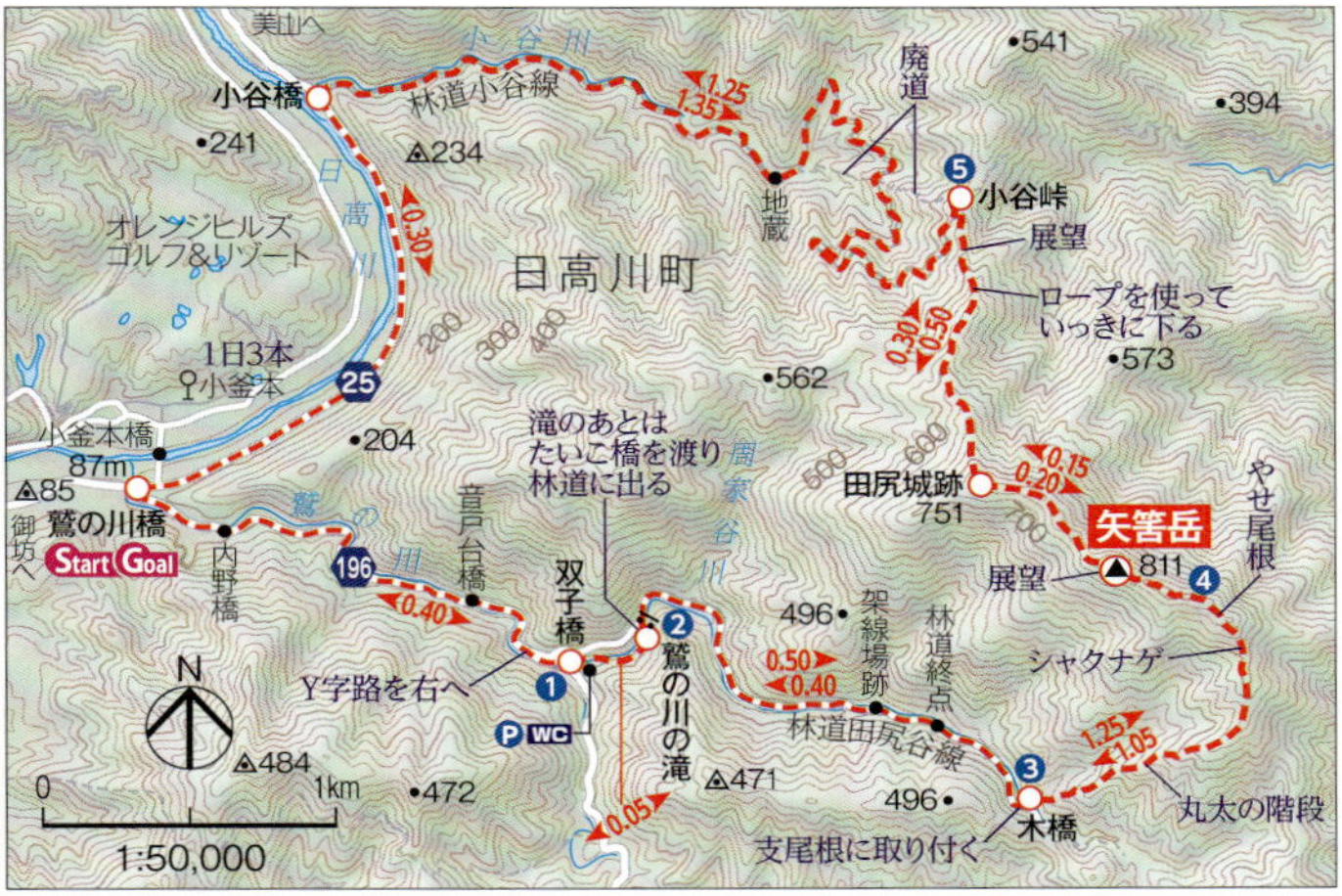

鷲ノ川観音が祀られている。滝壺からのマイナスイオンの風が心地よい。対岸に渡って滝を巻いて登っていくと、先ほどの林道が左手から合わさる。

　しばらく鷲の川に沿って、林道を進む。右岸から左岸に転じ、架線場跡の矢筈土場《どば》を通過すると、しだいに道幅が狭まる。鷲の川に架かる**木橋**を渡るといよいよ矢筈岳の登りとなり、長い丸太階段を快適に登っていく。春には、ミツバツツジ、ドウダンツツジ、シャクナゲの花が咲く道だ。

　やがて木の根が露出する、やせ尾根の道となる。足もとに日高川、後方にはなだらかに裾野を広げた清冷山《せいれいさん》を望む。しばらくして疎林帯の小台地の**矢筈岳**山頂に着く。木々のすき間越しに、白馬山《しらまやま》や清冷山、真妻山《まづまやま》の山並みが美しい。西には、紀伊水道の海が陽光に輝いている。

　下山は小谷《こたに》峠へのルートをとる。西側斜面をいっきに下って小さなピークを越えると、玉置大宣《だいぜん》築城の**田尻《たじり》城跡**に着く。ここで進路を北に変えると、急斜面の下りとなる。足もとに注意しながら、ロープを使って**小谷峠**まで慎重に下ろう。

　峠から林道を下り**小谷橋**に出て車道を左へ進み、**鷲の川橋**へ戻る。

・22・1020、日高川町コミュニティバス☎0738・22・1700、御坊有交タクシー☎0738・22・4141、中津温泉あやめの湯「鳴滝」☎0738・54・0488

■**2万5000分ノ1地形図**
川原河

矢筈岳への登路のやせ尾根からは、樹間越しに蛇行した日高川が見える

CHECK POINT

1 歩きはじめて40分ほどで双子橋の北詰へ。渓流アマゴ釣り場の管理棟脇に矢筈岳の登山口がある

▼

2 鷲の川の滝の傍らに観音堂と江戸時代後期の国学者・加納諸平の歌碑が建てられている。橋を渡って対岸へ

▼

3 鷲の川に沿って林道を進み、木橋を渡って右岸へ。矢筈岳の支尾根に取り付く

▼

4 樹林のすき間からは、なだらかな山容の清冷山が見えてくる

▼

5 地蔵尊が祀られている小谷峠。峠からは長い林道歩きが続く

33 貴重な原生林が残る和歌山県の最高峰を歩く

護摩壇山・龍神岳・耳取山

日帰り

ごまだんさん 1372m
りゅうじんだけ 1382m
みみとりやま 1363m

歩行時間＝4時間30分
歩行距離＝11・7km

技術度 ★☆☆☆☆ 体力度 ★☆☆☆☆

コース定数＝20

標高差＝283m

累積標高差 ↗763m ↘763m

展望台などが入った観光施設のごまさんタワーと新緑の護摩壇山

和歌山県の最高峰・龍神岳は東の耳取山、西の護摩壇山とともに、奥高野《おくこうや》の大きな山塊をなす山稜で、「紀州《きしゅう》の屋根」といわれる。護摩壇山は源平屋島《げんぺいやしま》の戦いに敗れ、この地に逃れてきた平清盛《たいらのきよもり》の孫・平維盛《これもり》が護摩を焚いて平家の行く末を占った山という。山頂一帯には、ブナやミズナラを中心とした貴重な原生林が広がっている。また、花期にはシロヤシオをはじめミツバツツジ、シャクナゲが林内に彩りを添える。

雪景色の龍神岳山頂

護摩壇山バス停下車。ごまさんタワーの左横から遊歩道に入る。ブナやミズナラ、オオカメノキ、リョウブなどの樹林が茂るトンネルが続く。春はミツバツツジやサラサドウダン、秋にはアキノキリンソウ、イナカギクなどが咲く道だ。ほどなく**護摩壇山**山頂に着く。

展望が期待できないため、東隣の龍神岳と耳取山を往復しよう。ブナやミズナラ林の快適なプロムナードとなる。**龍神岳**山頂からは、東に大峰山脈の主稜線、西に護摩壇山、南に鉾尖岳《ほこざいだけ》、崖又山《がけまたやま》の大パノラマが広がっている。

耳取山まで足をのばしたら**護摩壇山**山頂に戻り、南尾根を下る。支尾根に入ると、シロヤシオの群生地がある。高野龍神スカイラインを横切ったところが**森林公園入**

■鉄道・バス
往路・復路＝南海高野山ケーブル高野山駅から南海りんかんバスで護摩壇山へ。またはJR紀勢本線紀伊田辺駅から龍神バスで護摩壇山へ。バス（要予約）は土・日曜、祝日のみの運行で、冬期は運休。

■マイカー
京奈和道かつらぎ西ICから国道480号、高野龍神スカイラインを経て護摩壇山駐車場（無料・トイレあり）、または護摩壇山森林公園駐車場（無料・トイレあり。12～3月休館）へ。護摩壇山駐車場、護摩壇山森林公園駐車場へは阪和道南紀田辺ICからもアクセスできる。

■登山適期
新緑は5月中旬～下旬、シロヤシオやシャクナゲの花は5月上旬～中旬、

ブナやミズナラ林の遊歩道から支尾根に入るとシロヤシオの群生地がある

口広場で、再びブナ原生林の遊歩道に入る。

展望台を経て森林公園への進入道路に下り、しばらく車道を歩くと、**六里ヶ峰《ろくりがみね》分岐**に着く。直進する林道は六里ヶ峰から龍神《りゅうじん》温泉に通じる龍神街道のひとつで、ここは左へとり、**林間広場**に下る。

ひと休憩ののち、日高川の源流谷をからむ自然観察遊歩道に入る。6万本ものシャクナゲ植栽地を経て、モミやツガ、サワグルミ、トチノキ、ホオノキなどの木が茂る遊歩道を歩く。樹々の下からせせらぎが聞こえ、小さな滝がいくつも眼下に入る。

古川源流の戸珍堂谷《とちんどだに》をからみ、**高野龍神スカイライン**と合流して左へとり、車道を**護摩壇山バス停**へと戻る。

サラサドウダンの花は5月下旬〜6月中旬、ブナやカエデなどの紅葉は10月中旬〜11月上旬。

■アドバイス

▽護摩壇山の南斜面内には、ブナ、ミズナラなどの落葉広葉樹を中心に、モミ、ツガ、サワグルミ、トチノキなどの原生林が広がっている。

▽護摩壇山森林公園の管理棟前に広い芝地があり、休憩には最適。

▽護摩壇山と龍神岳の南山麓には、日本三美人湯のひとつ龍神温泉がある。旅館や民宿などがあり、宿泊には事欠かない

■問合せ先

龍神観光協会☎0739・78・2222、護摩壇山森林公園総合案内所☎0739・79・0667、南海りんかんバス☎0736・56・2250、龍神バス☎0739・22・2100、ごまさんスカイタワー☎0739・79・0622

■2万5000分ノ1地形図

護摩壇山

CHECK POINT

1 ブナやミズナラ、オオカメノキ、リョウブなどの自然林のトンネルを登っていく

2 護摩壇山山頂。あずまやや山頂標識、方位盤がある

3 護摩壇山から龍神岳に向かう縦走路は、緑のトンネルの中を進む

4 森林公園管理棟がある林間広場でひと休憩ののち、古川源流の自然観察遊歩道に入る

5 古川源流の戸珍堂谷をからみながら遊歩道を進む

白馬城ヶ森林道から城ヶ森山のレーダー雨量観測塔（中央やや左）を遠望する

34

和歌山城下から続く城ヶ森越えの龍神街道を歩く

城ヶ森山

じょうがもりやま
1269m

日帰り

歩行時間＝5時間55分
歩行距離＝10・9㎞

技術度
体力度

コース定数＝26

標高差＝908m

累積標高差 ↗1142m ↘1142m

城ヶ森山は、東に護摩壇山《ごまだんさん》と対峙する山で、城ヶ森山の「城」は、谷の奥、絶頂を意味し、長さの単位を表す「丈」より転じたものとされる。城ヶ森山の南には、モミやツガの亀谷《かめたに》原生林が広がっており、その間を城ヶ森越《ご》えで知られる龍神《りゅうじん》街道が通じている。龍神街道は和歌山城下から龍神温泉に通じる古道で、紀伊《きい》藩主の入湯コースとして利用されたという。

五段《ごだん》の滝への林道入口の**福《ふく》井《い》橋**を渡る。しばらく林道を歩くと、左上に祠を祀る**山の神**に着く。右下は「温泉への達路なるを以て、尋常の山径に比ぶればやや廣し」と記される、龍神街道の入口となる城ヶ森山登山口だ。

中股谷《なかまただに》川を徒渉したのち、萩《はぎ》の尾《お》の尾根道に取り付く。城ヶ森越えは、龍神温泉に向けて多くの人々が踏み固めた古道で、雪の積もった山道では、わらじに藁《わら》のくみかけが行われたという。

登るほどによく踏まれた道となって、ジグザグに高度を上げていく。「牛馬通ぜず」とある城ヶ森越えに、当時の紀伊《きい》藩主はどのような出で立ちでこの道を越えていったのであろう。

萩の尾の頭《かしら》をすぎてもブナやミズナラ林の快適な道が続く。やがて城ヶ森越えの道は突然**林道**で分断されるが、古道は尾根の延長線上に続いている。斜め左手のコンクリート階段を上がり、古道に取り付く。しばらくして札《ふだ》の辻《つじ》とよ

■鉄道・バス
公共交通機関はない。

■マイカー
阪和道有田ICから県道22号、国道480号、県道181号を経て、福井橋近くの駐車スペースへ。

■登山適期
新緑は5月上旬～中旬、紅葉は10月中旬～11月上旬、新芽が膨らむ3月下旬頃がベスト。冬は積雪により、入山不可。

■アドバイス
▽城ヶ森山登山口の萩の尾へは、中股谷川の徒渉が伴う。雨後には増水するため、注意する。
▽城ヶ森山山頂近くは、山道と林道がいたるところで交差しており、ルートどりに注意が必要。雨量観測塔を目指せばよい。
▽城ヶ森越えの龍神街道は、亀谷山山腹で山抜けが発生しているため、通行不可。
▽登山口の有田川町清水には日帰り

城ヶ森山山頂に建つレーダー雨量観測塔

ばれる分岐に出る。左は上湯川岳に通じる尾根沿いの道で、ここでは右の山腹道を進んでいく。

　モミやツガ、アカマツの大木にブナとミズナラが混成する、快適な道が続く。再び林道と合わさったあと、しばらく荒れた林道を進む。やがて山腹から尾根の鞍部に出て、左うしろ方向に進んで、城ヶ森山の山頂を目指す。

　たどり着いた**城ヶ森山**山頂には、巨大な雨量観測塔が建ち、傍らに1等三角点の標石が埋まっている。樹林のすき間から護摩壇山、鉾尖岳《ほこさきだけ》、崖又山《がけまたやま》など、奥高野《おくこうや》の山々が重畳と波打っている。

　山頂からは北側の林道に出て、**北入口**を経て往路に合流する。

城ヶ森山の管理用通路からの護摩壇山方面（左）

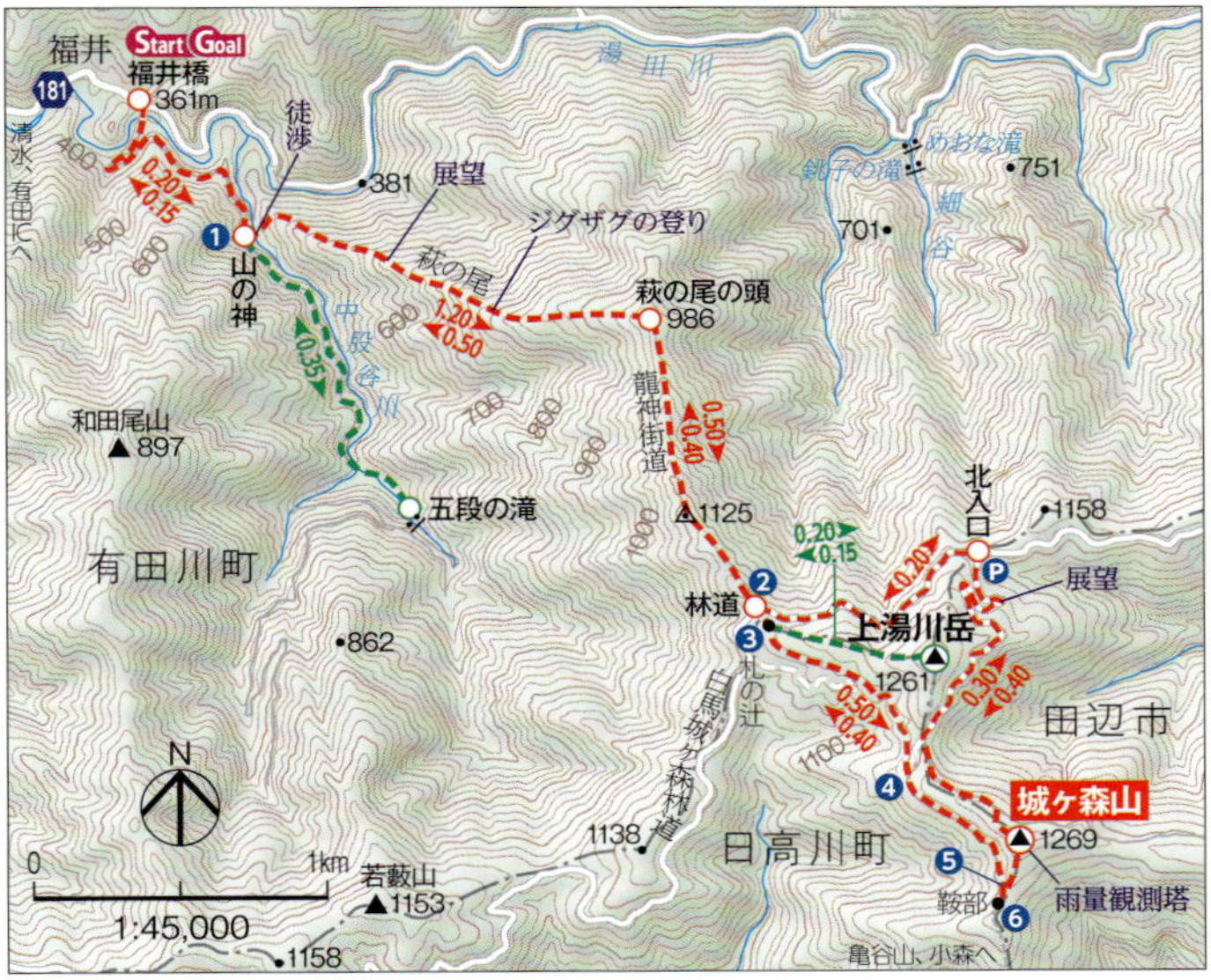

CHECK POINT

山の神の祠を祀る城ヶ森山登山口。中股谷川を徒渉して萩の尾に取り付く

白馬城ヶ森林道に出たら、左へすぐのコンクリート階段を上がって再び尾根道へ

火の用心と書かれた「札の辻」の石の道標。上湯川岳との分岐点となる

途中には枝を広げたブナの大木がある

左上に城ヶ森山レーダー雨量観測塔を通りすぎた頃、左手の支尾根に取り付く

鞍部に出たら手前の尾根を観測塔に向けて登る。直進は小森に向かう龍神街道

温泉「しみず温泉健康館」がある。

■問合せ先
有田川町商工観光課☎0737・52・2111、しみず温泉健康館☎0737・25・1126

■2万5000分ノ1地形図
紀伊清水・護摩壇山

35 南北朝のロマンの道・果無山脈を縦走する

安堵山・冷水山・石地力山

一泊二日

第1日 歩行時間＝7時間55分 歩行距離＝16・5km
第2日 歩行時間＝3時間5分 歩行距離＝6・9km

あんどさん 1184m
ひやみずやま 1262m
いしじりきやま 1140m

技術度 3/5
体力度 3/5

コース定数＝46

標高差＝1109m

累積標高差 ↗1790m ↘2102m

冷水山山頂から北方の牛廻山脈を望む

果無《はてなし》山脈は、紀伊《きい》半島の中ほどを西から東へ、行者山《ぎょうじゃやま》、笠塔山《かさとうやま》、安堵山、冷水山、石地力山、果無峠と続いて十津《とつ》川の流れに没する山脈で、東端の果無峠には熊野古《くまのこ》道《どう》・小辺路《こへち》ルートが通じている。また、南北朝時代に後醍醐《ごだいご》天皇の第一皇子・護良親王《もりながしんのう》の一行が、鎌《かま》倉《くら》幕府の追討から逃れた経路とも伝えられている。果無山脈の最高点となる冷水山の山頂付近には、シロヤシオの群生地がある。

第1日　ヤマセミ温泉バス停下車。丹生《にゅう》ヤマセミ温泉館を右に見送り、小森《こもり》の集落へ。民家横の**果無越《ご》え入口**から果無越えの道に入る。いっきに高度を上げ、**稜線分岐**を経て**和田《わだ》ノ森《もり》**に登る。北側に林道が並行する主稜線を歩く。左手の広い伐採地をすぎ、ツツジやマツに囲まれた**安堵山**に登る。

安堵山から縦走路を東へ進むと、すぐに林道龍神本宮《りゅうじんほんぐう》線が合わさる。左手の**縦走路入口**からわずかに上がった展望台からは、大塔山系の山並みが広がっている。この先冷水山へと続く縦走路は緩やかな起伏で、部分的にスズタケの密生するところもあるが、ブナを主体に、ヒメシャラ、ツツジ、シロヤシオなどが混成する快適な道だ。

黒尾山《くろおやま》に登ると、冷水山がようやく姿を見せる。春にはシロヤシオが群生する尾根を登り返し、**冷水山**の山頂へ。北と南に展望が開けている。

山頂をあとに東へ主稜線をたどり、**カヤノダン**、**公門《くもん》ノ崩《つえ》の頭《かしら》**へ。**筑前《ちくぜん》タワ**付近からは、大峰《おおみね》の山稜が目の前に開けてくる。**ミヨウガタワ**を経て、ブナ原生林の平坦地を左手に見送り、**ブナの平峰《たいらみね》**へ。今夜はここでテントを設営する。

第2日　南側に八木尾《やぎお》谷の樹海が広がり、その向こうに熊野の山々が霞む。これより果無峠に向かう道は、秋にはブナやヒメシャラの紅葉が彩りを添える道だ。

石地力山、果無山を越え、**果無峠**に下る。峠には石像が祀られている。峠を左へ、十津川温泉方面に道をとる。しばらくして大峰山脈の展望が大きく開け、石仏3体を祀る**観音堂**に迎えられる。

さらに下って**天水田《てんすいでん》**をすぎ、**果無集落**を抜け石畳を下って果無越え蕨尾《わらびお》口へ、吊橋を渡ると十津川温泉内の**ホテル昴《すばる》バス停**は近い。

冷水山山頂。南に大塔山系、北に牛廻山脈の山並みが連なる

CHECK POINT

小森集落の最奥、民家脇に果無山脈縦走路への登山口がある。ここから約25キロを歩き通す

安堵山山頂。山名は護良親王が十津川へ逃走の際、誰も追撃して来ないだろうと安堵したという故事による

林道龍神本宮線から斜め左の展望台に登ると、南側の大塔山系の展望が大きく開ける

黒尾山へと向かう果無山脈縦走路。ブナ原生林のうっそうとした樹林帯を進む

シロヤシオの花が咲く冷水山山頂から雲海を望む。標高1262メートルは果無山脈の最高地点

左前方に大峰山脈の山稜が大きく開けると、すぐに筑前タワに着く

アケボノツツジ咲くブナの平峰から熊野川を望む。初日はここで幕営する

果無集落に立つ世界遺産登録の石碑。直進して十津川温泉へと下っていく

黒尾山から冷水山へと向かう縦走路はシロヤシオの群生地

■鉄道・バス
往路＝JR紀勢本線紀伊田辺駅から龍神バスで西へ、田辺市住民バスに乗り換えてヤマセミ温泉へ。ただし住民バスは月・火・木曜のみの運転。復路＝ホテル昴から奈良交通バスでJR和歌山線五条駅、または同バスでJR紀勢本線新宮駅へ。

■マイカー
阪和道有田ICから県道22号、国道424・425号を経て、上山路橋交差点を右折、県道735号で丹生ヤマセミ温泉館駐車場へ（無料）。

■登山適期
シロヤシオの花は5月初旬～中旬、ブナの紅葉は10月下旬～11月初旬。

■アドバイス
▽林道龍神本宮線の黒尾山、冷水山登山口近くに駐車スペースがある。

黒尾山から冷水山縦走、冷水山からブナの平峰縦走といったバリエーションが設定できる（林道は2017年12月現在落石により通行止め）。
▽和田ノ森からの縦走路には、北側に林道が並行しており、時間を短縮したい場合は、こちらを歩く。
▽幕営地のブナの平には水場がないので、あらかじめ水の補給を忘れずに。
▽果無峠を右に下る道は熊野古道小辺路ルートで、熊野萩、九鬼関所跡を経て熊野本宮大社へと通じている。
▽丹生ヤマセミ温泉館にはキャンプ場が併設されている。
▽十津川温泉には、昴の郷温泉保養館「星の湯」や日帰り温泉「庵の湯」などがあり、下山後に入浴できる。

■問合せ先
龍神観光協会☎0739・78・2222、十津川村観光協会☎0746・63・0200、奈良交通十津川営業所（バス）☎0746・64・0408、龍神バス☎0739・22・2100、田辺市住民バス☎0739・78・0111、三光タクシー（十津川村平谷）☎0746・64・0231、丹生ヤマセミ温泉館☎0739・78・2616、昴の郷温泉保養館「星の湯」☎0746・64・1111、十津川温泉「庵の湯」☎0746・64・1100

■2万5000分ノ1地形図
恩行司・発心門・伏拝・十津川温泉

＊コース図は94・95ページを参照。

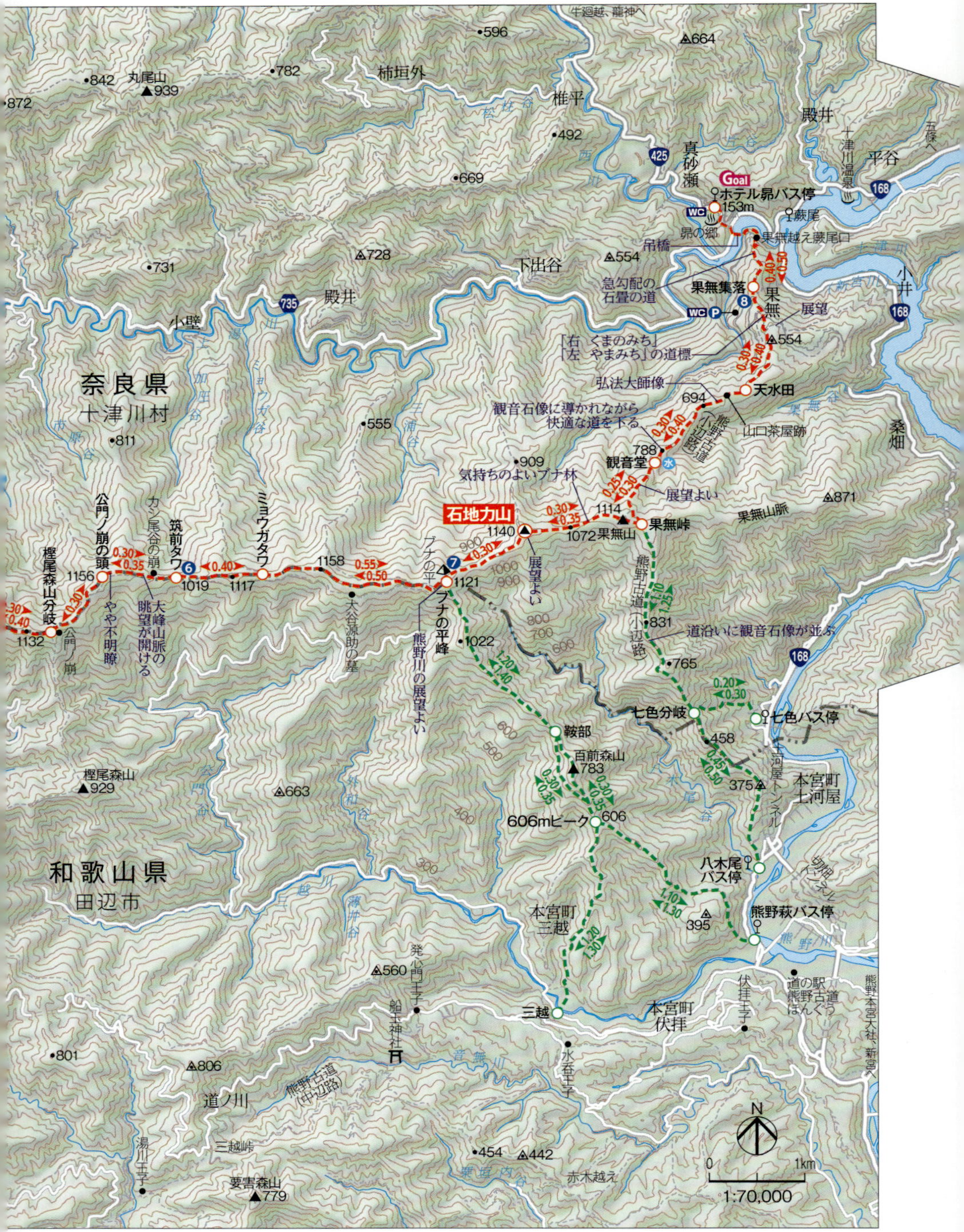

奈良県
十津川村
和歌山県
田辺市
石地力山
Goal
ホテル昴バス停
153m
果無越え蕨尾口
果無集落
天水田
観音堂
果無峠
果無山
七色分岐
七色バス停
八木尾バス停
熊野萩バス停
鞍部
百前森山
606mピーク
三越
ブナの平峰
ブナの平
筑前タワ
ミョウガタワ
公門ノ崩の頭
樫尾森山分岐
吊橋
急勾配の石畳の道
「右　くまのみち」「左　やまみち」の道標
弘法大師像
観音石像に導かれながら快適な道を下る
気持ちのよいブナ林
展望よい
道沿いに観音石像が並ぶ
熊野川の展望よい
大峰山脈の眺望が開ける
やや不明瞭
大谷源助の墓
山口茶屋跡
熊野古道（小辺路）
熊野古道（中辺路）
果無山脈
1:70,000

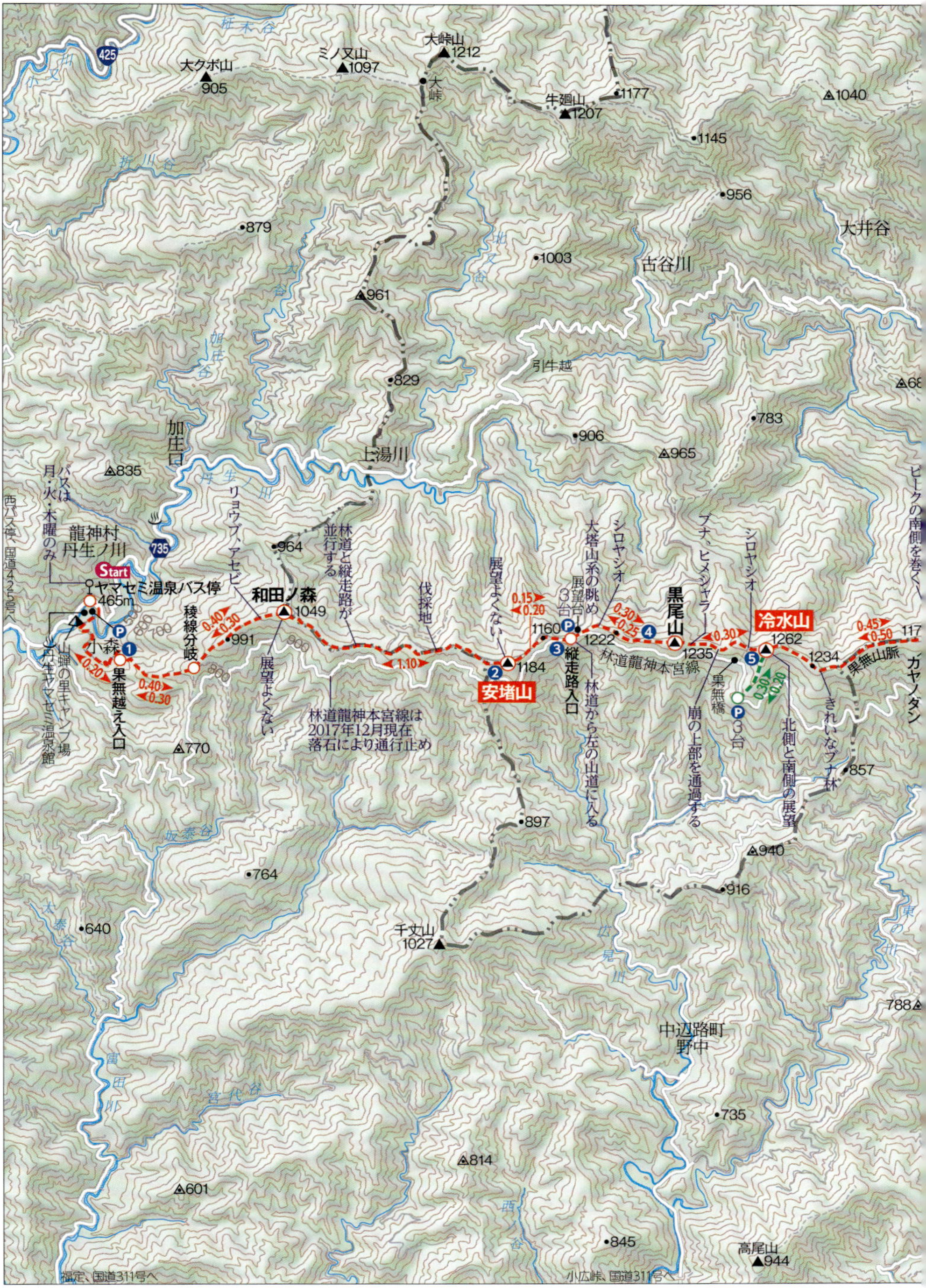

大クボ山
905
ミノ又山
1097
大峠山
1212
大峠
牛廻山
1207
1177
1040
1145
956
879
1003
大井谷
古谷川
961
引牛越
829
783
906
965
加庄口
上湯川
835
バスは月・火・木曜のみ
西バス停、国道425号へ
龍神村丹生ノ川
Start
ヤマセミ温泉バス停
465m
964
リョウブ、アセビ
林道と縦走路が並行する
和田ノ森
1049
稜線分岐
991
小森
果無越え入口
山蛸の里キャンプ場
丹生ヤマセミ温泉館
展望よくない
伐採地
展望よくない
安堵山
1184
1160
3台
展望台
大塔山系の眺め
シロヤシオ
1222
縦走路入口
林道から左の山道に入る
黒尾山
ブナ、ヒメシャラ
1235
林道龍神本宮線
シロヤシオ
冷水山
1262
1234
果無橋
3台
崩の上部を通過する
北側と南側の展望
きれいなブナ林
果無山脈
カヤノダン
ピークの南側を巻く
林道龍神本宮線は2017年12月現在落石により通行止め
770
857
897
940
916
764
640
千丈山
1027
788
中辺路町野中
735
814
601
845
高尾山
944
福定、国道311号へ
小広峠、国道311号へ
0.40
0.30
0.20
1.10
0.15
0.20
0.30
0.25
0.45
0.50
425
735

36

日帰り

岩屋山・ひき岩群・龍神山①

荒々しく露出した岩峰群をぬう好展望の山歩き

いわやさん 128m
ひきいわぐん 124m
りゅうぜんさん 496m

Ⓐ岩屋山・ひき岩群　歩行時間＝2時間15分　歩行距離＝4・4km　技術度　体力度
Ⓑ龍神山　歩行時間＝4時間5分　歩行距離＝11・2km　技術度　体力度

コース定数＝Ⓐ8 Ⓑ17

標高差＝Ⓐ116m Ⓑ484m

累積標高差	登り	下り
Ⓐ	213m	238m
Ⓑ	569m	569m

ひき岩群・第一展望台から田辺市街と白浜方面を望む

田辺《たなべ》市街の北方の丘陵地に、奇怪な形の岩峰群が連なっている。ヒキガエルの群れが天を仰いでいるように見えることから、ひき岩群とよばれている岩峰群だ。そのひき岩群の一翼をなすのが岩屋山だ。近くの龍神山とともに紹介しよう。

Ⓐ岩屋山・ひき岩群　紀伊《きい》田辺駅からタクシーで**岩屋観音参道入口**へ。参道を登ってまずは岩屋観音に参拝、その後、**石山寺**《いしやまでら》をはじめとする岩屋山新西国《さいごく》三十三番霊場の石仏群を一巡する。岩屋山の山頂付近からは360度の大パノラマが開けている。

参道入口に戻って稲成《いなり》川沿いの車道を南進し、ヒキガエルに似た大岩のひき岩へ。すぐの民家脇（**ひき岩西入口**）からひき岩群遊歩道に入る。しばらくして、荒涼とした岩峰群のどまんなかへと導かれる。第二展望台からは田辺湾をはじめ、紀伊水道の海が開けている。いったん谷に下ったのち、**小屋ン**《こや》**谷出合**を左にとる。谷を遡って、**第一展望台**へ。すぐの分岐を右折して、岩口《いわくち》池畔の**ふるさと自然公園センター**に下る。車道を南東方向に進み、**矢矧**《やはぎ》**バス停**に向かう。

Ⓑ龍神山　**矢矧バス停**から車道を**ふるさと自然公園センター**へ。車道を北へ進み、すぐに右手の林道に入る。**表参道**に合流し、左にとって重善山《じゅうぜんさん》東山腹の道を登っていく。右手に三星山《みつぼしやま》、その向こうに高尾山《たかおさん》を望む。やがて岩口池畔からの車道が合流して、龍神宮《りゅうぜんぐう》の**駐車場**へ。

黒岩山《くろいわやま》や赤倉山《あかくらやま》の岩峰群の東側山腹を進む。**平岩**《ひらいわ》**道出合**、**佐向谷**《さこ》**道出合**を経て修験《しゅげん》坂を登る。弘法《こうぼう》腰掛《こしか》け岩への分岐を右にとり、護《ご》摩《ま》の壇《だん》（崎の堂）から綿津見神《わたつみのかみ》三神が祀られていた**龍神宮**へ。

龍神宮拝殿をあとに龍神山山頂を経て**八幡社**《はちまん》に向かう。春の山道

龍神宮表参道からの護摩の壇の岩峰

■鉄道・バス
Ⓐ往路＝JR紀勢本線紀伊田辺駅からタクシーで岩屋観音参道入口へ。復路＝矢矧から龍神バスでJR紀伊田辺駅へ。
Ⓑ往路・復路＝JR紀伊田辺駅から龍神バスで矢矧へ。
■マイカー
阪和道南紀田辺ICからふるさと自然公園センター駐車場（無料・トイレ

は、ミツバツツジやヒカゲツツジの花に彩られる。

帰路は、**佐向谷道出合**を左下にとって、ゲドの谷へ。**龍星《りゅうせい》の辻《つじ》**を経て**佐向谷登山口**に下る。佐向谷に沿って舗装道を進み、**矢矧バス停**に向かう。

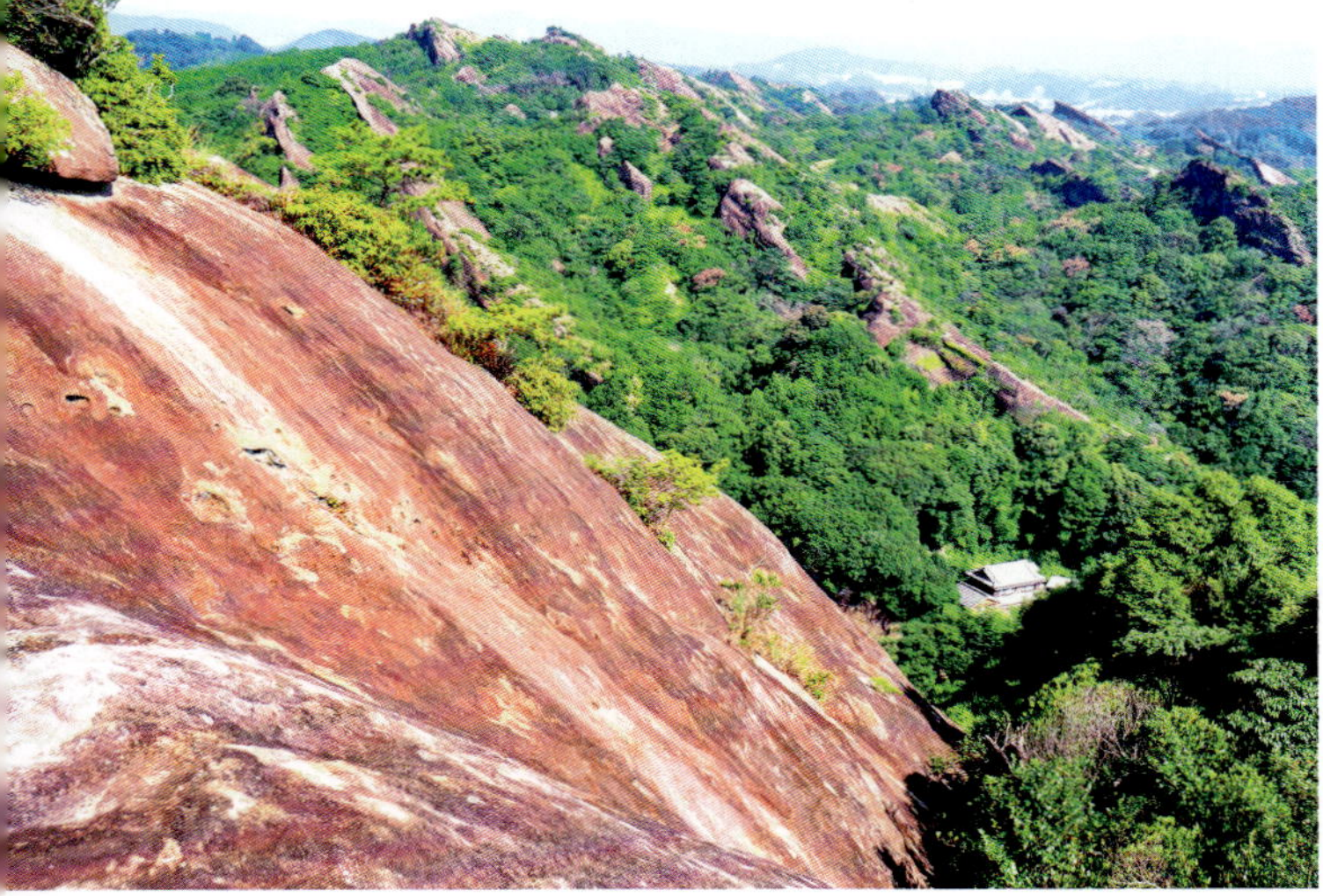

岩屋山新西国三十三番霊場の第十三番石像（石山寺）付近からのひき岩群

CHECK POINT

1 ひき岩群の一翼をなす岩屋観音。裏山に岩屋山新西国三十三番霊場の石像が祀られている

2 新西国霊場二十二番・総持寺の石像。岩山からの眺望は最高

3 ひき岩群遊歩道西入口に向かう途中、ひき岩とよばれる大岩が上方にそそり立っている

4 ひき岩群の遊歩道を登りきると、北側斜面が絶壁となった奇怪な形の岩山が連なっている

5 小屋ン谷出合。分岐を左へ（写真では手前）進み、小屋ン谷を遡って第一展望台に向かう

6 ふるさと自然公園センターのある岩口池畔はサクラの名所

7 ゲドの谷地蔵尊を祀る護摩の壇（崎の堂）。ここで松明を焚いて雨乞いが行われたという

8 龍神山山頂から北西方向に少し下った尾根の突端に八幡社が祀られている

あり）へ。または岩屋観音駐車場（無料）へ。

■登山適期

4月上旬の岩口池周辺のサクラ、新緑は4月中旬～5月中旬、ミツバツツジとヒカゲツツジの花は4月初旬～中旬がベスト。

■アドバイス

▽岩屋山・ひき岩群と龍神山をセットで歩く場合、体力度は❤❤。

▽ひき岩群と龍神山は、水の浸食と地殻変動によってできた田辺層群とよばれる地層で、特異な景観を呈している。

▽岩口池畔のふるさと自然公園センターは、本ルートの登山基地であり、ひき岩群国民休養地の中心となる施設。ひき岩群の自然のほかに、田辺の自然や仕組みを紹介している（入館無料）。

▽佐向谷道入口から田辺市街へ徒歩30分ほどのところに、日帰り入浴施設の「弁慶のさと湯」がある。

■問合せ先

田辺市観光振興課☎0739・26・9929、龍神バス☎0739・22・2100、明光タクシー☎0739・22・2300、ふるさと自然公園センター☎0739・25・7252、弁慶のさと湯☎0739・81・0026

■2万5000分ノ1地形図

秋津川・紀伊南部

＊コース図は98・99ジペーを参照。

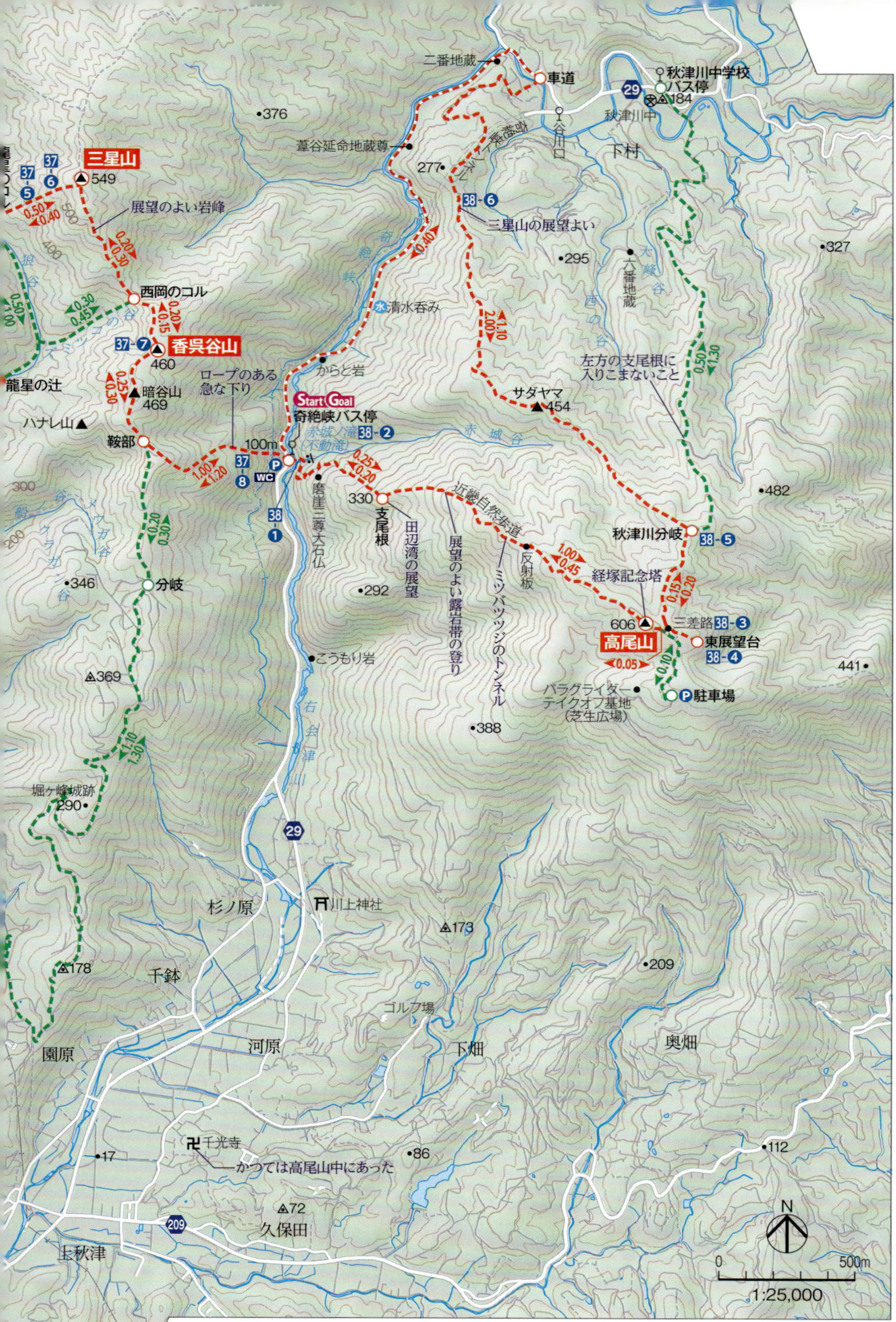

二番地蔵
車道
秋津川中学校
バス停
184
秋津川中
谷川口
下村
376
葦谷延命地蔵尊
277
三星山
549
展望のよい岩峰
三星山の展望よい
295
六番地蔵
327
西岡のコル
清水呑み
香呉谷山
460
からと岩
サダヤマ
454
左方の支尾根に入りこまないこと
龍星の辻
ロープのある急な下り
暗谷山
469
Start Goal
奇絶峡バス停
赤城ノ滝（不動滝）
ハナレ山
鞍部
100m
赤城谷
磨崖三尊大石仏
330
支尾根
田辺湾の展望
展望のよい露岩帯の登り
近畿自然歩道
ミツバツツジのトンネル
反射板
482
秋津川分岐
経塚記念塔
346
分岐
292
606
高尾山
三差路
東展望台
こうもり岩
441
369
パラグライダーテイクオフ基地（芝生広場）
駐車場
388
堀ヶ峰城跡
290
杉ノ原
川上神社
173
209
178
千鉢
ゴルフ場
園原
河原
下畑
奥畑
千光寺
かつては高尾山中にあった
17
86
112
72
久保田
上秋津
N
0
500m
1:25,000

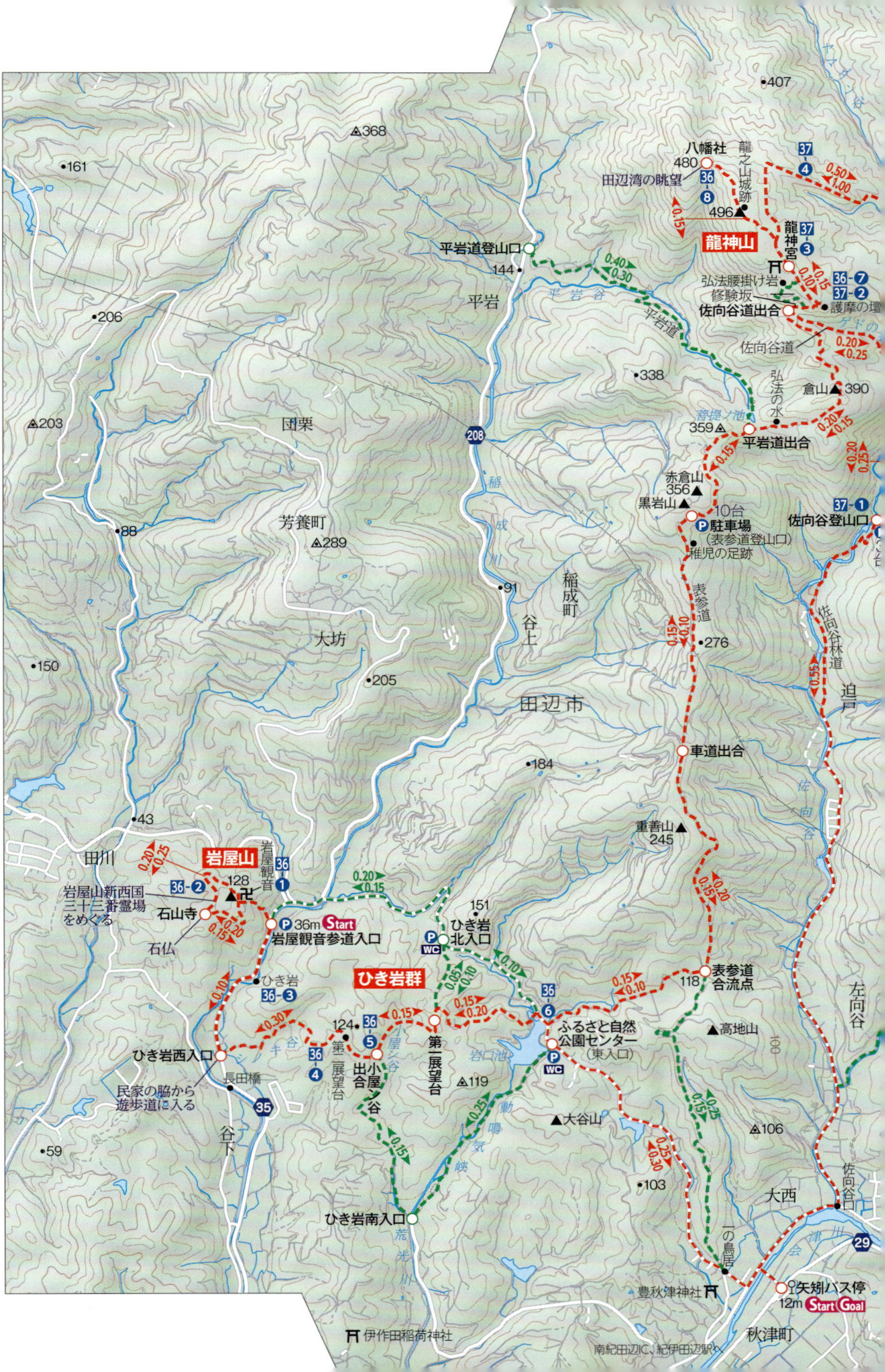

龍神山
八幡社
480
田辺湾の眺望
龍之山城跡
496
龍神宮
弘法腰掛け岩
修験坂
佐向谷道出合
護摩の壇
佐向谷道
弘法の水
倉山 390
平岩道登山口
144
平岩
平岩谷
平岩道
338
菩提ノ池
359
平岩道出合
赤倉山 356
黒岩山
10台
駐車場
(表参道登山口)
稚児の足跡
佐向谷登山口
表参道
276
佐向谷林道
迫戸
稲成川
稲成町
91
谷上
田辺市
車道出合
184
重善山 245
佐向谷
左向谷
表参道合流点
118
高地山
ふるさと自然公園センター
(東入口)
岩口池
動鳴気峡
大谷山
106
103
大西
佐向谷口
一の鳥居
豊秋津神社
矢矧バス停
12m
Start Goal
秋津町
南紀田辺IC、紀伊田辺駅へ
津川
368
161
206
203
団栗
88
芳養町
289
大坊
205
150
43
田川
岩屋山
岩屋観音
128
岩屋山新西国三十三番霊場をめぐる
石山寺
石仏
36m Start
岩屋観音参道入口
ひき岩群
ひき岩
151
ひき岩北入口
124
第二展望台
出合
小屋ノ谷
第一展望台
119
ひき岩西入口
長田橋
民家の脇から遊歩道に入る
谷下
59
ひき岩南入口
荒光川
伊作田稲荷神社
208
35
29
0.40
0.30
0.50
1.00
0.15
0.10
0.20
0.25
0.55
0.05
0.30

37

スリリングな岩峰群の登りと眺望を楽しむ

龍神山②・三星山・香呉谷山

りゅうぜんさん 496m
みつぼしやま 549m
かぐらんだにやま 460m

日帰り

歩行時間＝6時間
歩行距離＝9・2㎞

技術度

体力度

コース定数＝23

標高差＝537m

累積標高差 924m 836m

田辺《たなべ》市街の北方に、荒々しく露出した岩峰群が並んでいる。西から東へ、ひき岩群《いわぐん》、龍神山、三星連山、そして、大きな山塊の高尾《たかお》山《さん》だ。ここでは、龍神山から三星山と香呉谷山を縦走し、奇絶《きぜつ》峡に下る変化のあるルートを紹介する。

龍星のコルに向かう縦走路から三星山の岩尾根を眺める

矢矧《やはぎ》バス停下車。会《あい》津《づ》川を渡ったあと、佐《さ》向《こ》谷沿いの舗装道に入る。やがて、龍神宮《りゅうぜんぐう》参拝道の鳥居に迎えられる（**佐向谷登山口**）。谷沿いに参拝道を進み、**龍星《りゅうせい》の辻《つじ》**を左へ。ゲドの谷に沿って、スギやヒノキの植林帯の道を進む。護摩《ごま》の壇《だん》を右上に見上げながら高度を上げていく。やがて**佐向谷道出合**で龍神山表参道に突き当たる。

右の修験《しゅげん》坂を登り、弘法腰掛《こうぼうこしか》け岩との分岐を右へ。疎林帯の道を進み、雨乞《あまご》いが行われたという護摩の壇（崎の堂）へ。護摩の壇は弘法大師の護摩修法の跡と伝えられる岩峰で、岩陰にゲド地蔵尊が祀られている。

護摩の壇をあとに、ゲド地蔵遥拝所を経て**龍神宮**へ。龍神宮は綿《わだ》津見神《つみのかみ》三神を祀る神社で、周辺には神木のウバメガシをはじめ、ウラジロガシ、イヌマキなどの樹木がうっそうとした森をつくっている。

龍神宮拝殿をあとに三星山縦走路分岐へ、ここを直進して**八幡社《はちまん》**に立ち寄る。「八幡座の壇」といわれる断崖に、八幡社の小祠が祀られている。縦走路分岐に戻って左へ進み、ミツバツツジやヒカゲツツジの花が咲く三星山への縦走路に入る。左前方から三星山の岩峰群が大迫力で迫ってくる。やがて**龍星のコル**に下る。

龍星のコルを直進し、三星山の岩尾根に取り付く。岩峰群の間は木の根や岩角をつかみながら、慎重に高度を上げていく。眼下に田辺湾から紀伊《きい》水道、遠く四国方面の眺望が開けてくる。やがて**三星山**の主峰に達する。

三星山からは岩尾根をぬって**西《にし》岡《おか》のコル**へ。右は龍星の辻への道、ここでは直進し、三星連山の縦走路に入る。後方に龍神山、三星山主峰を望む。

香呉谷山手前の大嵓で眺望を楽しんだら、なおも縦走路を進む。樹林に囲まれた暗 谷山《くらがんたにやま》南の**鞍部**を左にとる。しばらく山腹を進んだあと、岩の間の斜面を急下降して**奇絶峡バス停**に下る。

■鉄道・バス
往路＝JR紀勢本線紀伊田辺駅から龍神バスで矢矧へ。
復路＝奇絶峡から龍神バスでJR紀伊田辺駅へ。
■マイカー
阪和道南紀田辺ICから右会津川畔を

香呉谷山手前にある展望のよい岩峰でひと休憩

CHECK POINT

1 龍神宮の佐向谷登山口。鳥居前に3台ほどの駐車スペースがある

2 修験坂を登るとゲドの地蔵尊を祀る護摩の壇（崎の堂）の岩峰に出る

3 龍神宮拝殿とご神木のウバメガシ。左手横から三星山への縦走路に向かう

4 龍神山から三星山への縦走路を進むと、前方に三星山の岩峰群が迫ってくる

5 三星山への岩尾根の登り。手足を使い、滑落に注意しながら高度を上げる

6 三星山への登路途中に龍神山を間近に望む小岩峰がある。ひと休みしよう

7 西岡のコルをすぎると、正面に香呉谷山や暗谷山、高尾山を望む大岩が現れる

8 岩と岩の間の急斜面をいっきに下って、奇絶峡の山道に降り立つ

経て、佐向谷口近くの駐車スペース、または奇絶峡駐車場（無料・トイレあり）へ。佐向谷林道終点の参拝道入口にも駐車スペースがある。

■登山適期

ウメやサクラ、ミツバツツジ、ヒカゲツツジの花が咲く2月下旬～4月上旬、新緑の4月中旬～5月中旬頃がベスト。冬枯れの季節もよい。

■アドバイス

▽龍神山へは、本コース以外に平岩道、表参道などがある（96ページ・「岩屋山・ひき岩群・龍神山①」を参照）。

▽龍星のコルから三星山、暗谷連山へと続く縦走路は、低山といえども侮ることができない。危険箇所には、ロープなどが設置されているが、滑落しないよう、慎重に行動すること。

▽暗谷山から奇絶峡への道は踏跡が薄いうえ、低木帯の急斜面をいっきに下る。初級者のみの入山は避ける。

▽佐向谷口から田辺市街へ徒歩30分ほどのところに、日帰り入浴施設の「弁慶のさと湯」がある。

■問合せ先

田辺市観光振興課☎0739・26・9929、龍神バス☎0739・22・2100、ふるさと自然公園センター☎0739・25・7252、弁慶のさと湯☎0739・81・0026

■2万5000分ノ1地形図

秋津川

＊コース図は98・99ページを参照。

38

高尾山

たかおさん

606m

奇絶峡から近畿自然歩道を登り、眺望絶佳の頂へ

日帰り

歩行時間＝3時間35分
歩行距離＝7・5km

技術度 2/5
体力度 1/5

コース定数＝15
標高差＝506m
累積標高差 登り642m 下り642m

高尾山東の展望台。砂岩層の露岩帯から180度の展望が開けている

高尾山は田辺《たなべ》市街を流れる右会《みぎあい》津《づ》川と左《ひだり》会津川に挟まれた大きな山塊で、西麓の右会津川に、サクラ・紅葉の渓谷美で知られる奇絶《きぜつ》峡の景勝地がある。高尾山中腹では、奈良～平安時代の貴族・和気《わけの》清麻呂《きよまろ》が愛鷹の死を弔うために建立したのがはじまりという、千光《せんこう》寺《じ》の伽藍《がらん》跡が発見されている。

奇絶峡バス停下車。奇絶峡の中心部に架かる滝見《たきみ》橋を渡ると、大岩を抱いた赤城《あかぎ》ノ滝に迎えられる。滝の右手を大きく巻き上がって、滝落ち口へ。滝落ち口の上部に、日本画家・堂本印象《どうもといんしょう》画伯が画いた阿弥陀三尊《あみださんぞん》の原画をもとに彫ったという、磨崖《まがい》三尊大石仏のレリーフがある。周辺は一種独特な雰囲気を醸している。

ひと休憩ののち、巨岩の間をぬいながら高度をいっきに上げる。やがて傾斜が緩み、高尾山の**支尾根**に取り付く。樹林のすき間から田辺湾を望む。春はミツバツツジの花が山道を彩る、マツやウバメガシの疎林帯の道を登っていく。

やがて経塚《きょうづか》記念塔の建つ**高尾山**山頂に着く。展望台からは田辺湾、南部《みなべ》湾、紀伊《きい》水道の海、背後に大《おお》塔《とう》・果無《はてなし》山脈の眺望が開けている。

存分に眺望を楽しんだら、東の展望台に向かう。秋津川《あきつがわ》への三差路を右にとると、5分ほどで**東の展望台**に着く。岩肌が露出した東の展望台からは、田辺湾の眺望をはじめ、間近に槇山《まきやま》、遠くに大塔

■鉄道・バス
往路・復路＝JR紀勢本線紀伊田辺駅から龍神バスで奇絶峡へ。

■マイカー
阪和道南紀田辺ICから右会津川畔の県道29号を走り、奇絶峡駐車場へ（無料・トイレあり）。駐車場はサクラのシーズンは混雑する。

■登山適期
新緑、ミツバツツジ、ヒカゲツツジの咲く4月中旬から5月中旬、紅葉の11月下旬から12月上旬がベスト。冬の日だまりハイクもよい。

■アドバイス
▽高尾山山頂近くにパラグライダーテイクオフ基地があり、近くまで車道が通じている。駐車場から高尾山山頂まで約10分。
▽サブルートとして、秋津川分岐を右にとって、北尾根を経て秋津川中学校前に出ることもできる。
▽和気清麻呂が建立したとされる千光寺は、高尾山中腹から南山麓に移されている。清麻呂の愛鷹の遺骨は、京都高雄山の神護寺、備前国高雄山、そしてここ千光寺の3箇所に葬ったと伝えられている。

■問合せ先
田辺市観光振興課☎0739・26・9929、龍神バス☎0739・22・2100

■2万5000分ノ1地形図
秋津川

山系の山々が薄く霞んでいる。

　帰路は先ほど歩いた秋津川への三差路を北に進路をとる。なだらかな尾根道をしばらく進み、次のY字路の**秋津川分岐**を左にとって、北西尾根道を下っていく。

　やがて左手に、大きな山塊の三《みつ》星山《ぼしやま》が近付いてくる。足もとに右会津川の清流を俯眼しながら、なおも尾根道を下る。**車道**に下って左へ、国道脇の清《し》水《みず》呑《の》みを経て**奇絶峡バス停**に帰り着く。

田辺市街から高尾山（右）、三星山（中央）、龍神山（左）を望む。山麓には阪和道が走る

阿弥陀如来尊、観音菩薩、勢至菩薩が彫られた磨崖三尊大石仏

高尾山山頂の経塚記念塔。展望台からは田辺湾から白浜方面の眺めがよい

CHECK POINT

1 三星山と高尾山の岩壁に挟まれた渓谷・奇絶峡の中心部にかかる滝見橋を渡って赤城ノ滝へ

2 不動明王を祀る赤城ノ滝（別名不動滝）。道は谷を右手に大きく巻き上がる

3 高尾山山頂から東の展望台に向かう途中の三差路。まずは直進して、東の展望台へ向かう

4 露岩帯の高尾山東の展望台からは、田辺湾をはじめ、槇山、遠く大塔山系の山並みが開けている

5 秋津川分岐。右は秋津川中学校、左は奇絶峡トンネル上部を経て秋津川に下る。ここは左の北西尾根を下る

6 三星山を望む疎林帯を快適に下る。途中、左手の足もとに右会津川を俯眼する場所がある

＊コース図は98・99ページを参照。

39

熊野古道・中辺路の峠から清姫道を下る

槇山・潮見峠

まきやま・しおみとうげ
796m（槇山）

日帰り

歩行時間＝5時間45分
歩行距離＝16・4km

技術度 ■□□□□
体力度 ■■□□□

コース定数	＝30
標高差	＝743m
累積標高差	↗1336m ↘1303m

熊野古道・中辺路の高原霧の里から望む槇山

『紀伊続風土記《きいぞくふどき》』にて「高峰の峻抜《しゅんばつ》するを見るへく」と記されている槇山は、田辺《たなべ》湾から紀伊水道を望む1等三角点の山で、南山腹に熊野古道《くまのこどう》・中辺路《なかへち》の派生ルートのひとつである潮見峠《しおみとうげ》越《ご》えの古道が通じている。

尾野原口《おのはらぐち》バス停で下車し、しばらく車道を進む。**長尾《ながお》坂入口**で長尾坂の古道に入ると、すぐに六字《ろくじ》名号《みょうごう》碑がある。苔むした石畳道を緩やかに登り、**県道**に突き当たったら左へ。正面に槇山、左に高尾《たかお》山《さん》を眺めながら、快適に歩を進める。早春の頃にはウメの香りが漂う道だ。**関所跡**を経て、やがて田辺湾を望む眺望絶佳のひるね茶屋に着く。ここでひと休憩としよう。

水呑峠《みずのみ》を越えたのち、山襞をぬって捻木峠《ねじき》に向かう。捻木峠には『安珍清姫伝説《あんちんきよひめ》』で知られる捻木ノ杉がある。蛇の姿になった清姫が安珍の逃走する姿を見て逆上、スギの木の枝を捻ってそのまま成長し、このような姿になったという。

ウバメガシのトンネル
が続く清姫道

捻木峠の東で林道が合流すると、すぐに**槇山分岐**に着く。まっすぐは潮見峠への道、ここでは林道を左上にとって槇山山頂へと向かう。しばらくして田辺湾や白浜《しらはま》、遠く紀伊水道の海の眺望が開けてくる。無線中継所の横から山道に入ると、**槇山**の山頂に着く。眼下に潮見峠、遠く田辺湾から紀伊水道の海が霞んでいる。

山頂をあとに**槇山分岐**まで戻ったら、左の潮見峠に向か

■**鉄道・バス**
往路＝JR紀勢本線紀伊田辺駅から龍神バスで尾野原口へ。
復路＝滝尻から龍神バス、明光バスでJR紀伊田辺駅へ。

■**マイカー**
阪和道南紀田辺ICから左会津川沿いの県道216号を走り、尾野原口バス停近くの車道脇へ（ひとつ先の長尾口バス停近くに駐車スペースがある）。

■**登山適期**
ウメの花が香る2月下旬から3月中旬、サクラの花が咲く4月上旬、新緑の4月中旬から5月中旬がベスト。冬の日だまり山行もよい。

■**アドバイス**
▽水呑峠までの古道は農道・生活道が所々で交差・並行するため、要所に設置された潮見峠越えの道標などに注意しながら歩くこと。
▽熊野古道は潮見峠から小皆の集落を経て鍛冶屋川口バス停に下るが、舗装林道のため、面白さには欠ける。
▽潮見峠から鍛冶屋川口方面に熊野古道を進むと、清姫道分岐がある。分岐を右に下ると天空の郷・峰に通じている。

■**問合せ先**
田辺市観光振興課☎0739・26・9929、龍神バス☎0739・22・2100、明光バス☎0739・42・3008

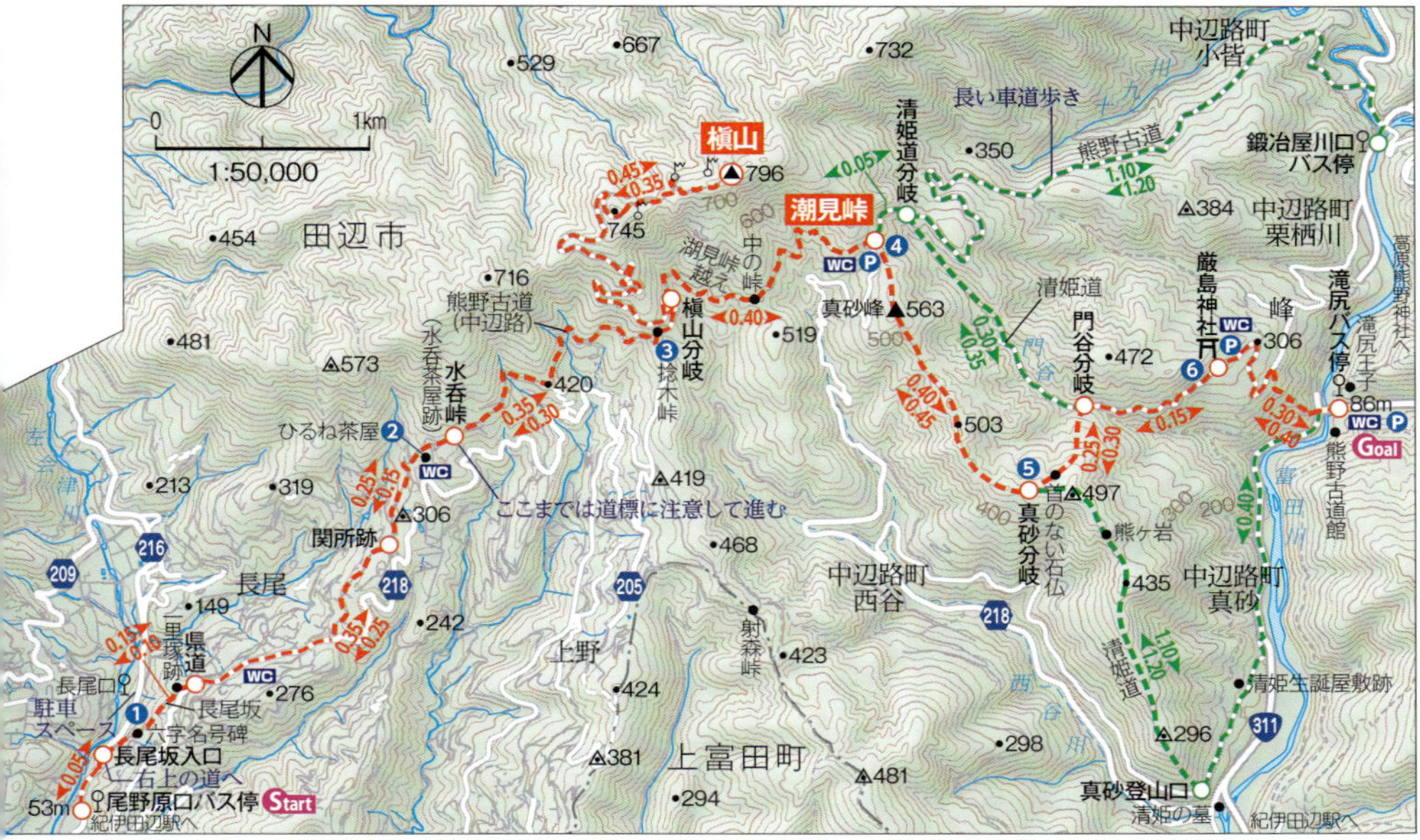

う。山襞をぬいながら水平道を進むと、ススキ原の**潮見峠**に着く。潮見峠は、豊臣秀吉《とよとみひでよし》軍と湯《ゆ》川《かわ》・山本《やまもと》連合軍が死闘をくり広げた戦場跡で、360度の眺望が開けている。

ここで小皆《こかい》方面へと下っていく熊野古道から別れ、右手の峰《みね》・滝尻王子《たきじりおうじ》社方面へ向かう。真砂峰《まさごみね》を越え、緩やかに尾根道を下ったのち、**真砂分岐**を左にとる。次の**門谷《かどたに》分岐**を右にとって、「天空の郷」と称される峰の集落へ。集落内には**厳島《いつくしま》神社**がある。

しばらく舗装道を進み、滝尻への古道をいっきに下ると**滝尻バス停**はすぐだ。

■2万5000分ノ1地形図
秋津川・栗須川

中の峠の一願地蔵尊

CHECK POINT

1 長尾坂入口の庚申塔と六字名号碑。石畳が残っている

2 桜並木の急坂の途中にあるひるね茶屋。白浜、紀伊水道の眺望が開けている

3 捻木峠にある捻木ノ杉は枝のねじれ具合が見事。役ノ行者が祀られている

4 展望のよい潮見峠。ここで熊野古道から離れ、正面の真砂峰へと向かう

5 真砂分岐。ここでを左折して、門谷に下って峰の集落へ向かう

6 眼下に富田川を望む天空の里「峰」の休憩所。隣に厳島神社が祀られている

40

樹間越しの太平洋に励まされながら、かつての古道の難所を歩く

馬転び坂・長井坂

うまころびさか・ながいさか
約310m（コース最高地点）

日帰り

歩行時間＝3時間40分
歩行距離＝11.0km

技術度
体力度

コース定数＝18	
標高差＝306m	
累積標高差	773m / 765m

長井坂は和深川《わぶかがわ》集落から長井《ながい》集落（ともにすさみ町）にいたる、熊野古道《くまのこどう》・大辺路《おおへじ》の峠道。かつてここから望む太平洋を、文人墨客がこぞって絶賛した。『紀伊国《きいのくに》名所図絵』には「この山頂に登れば瓢《ひょう》然《ぜん》として其《そ》の身雲《みくも》に入るかと疑はる」とある。「馬も転ぶ」とされた険しい馬転び坂から、長井坂に越える古道歩きを紹介する。

JR周参見《すさみ》駅から海岸沿いに国道を南下すると、生コンの工場が見えてくる。工場に入ってすぐが**馬転び坂入口**で、石段を上がる。正面に太平洋を望む造成地に出て荒涼とした道を進んで再び古道に入り、谷沿いの道をいっきに下る。**国道**脇に出たら町道を左へ進む。

JR紀勢《きせい》本線の西山《にしやま》トンネル上部を越え、左手のタオの峠への古道に入る。**タオの峠**、一里塚《いちりづか》松跡を経て先ほどの町道と合流し、和深川沿いの車道を進む。ほどなく大辺路に残る数少ない王子《おうじ》社・**和深川王子神社**に着く。

神社をあとに車道を進む。最終民家の前で和深川を渡るといよいよ**長井坂西登り口**があり、いよいよ長井坂の登りにかかる。視界のない植林帯の道を、いっきに登っていく。

やがて尾根の鞍部に出ると、道の駅イノブータンランド・すさみからの道が合わさる（**道の駅分岐**）。しばらく起伏の少ない快適な道を進む。春にはウバメガシの自然林に混じって、ミツバツツジや

ウバメガシの自然林にミツバツツジ、モチツツジの花が古道を彩る（長井坂）

和深川王子神社。王子と春日の2社が祀られる

■**鉄道・バス**
往路＝JR紀勢本線周参見駅。
復路＝JR紀勢本線見老津駅。

■**マイカー**
紀勢道すさみICから県道38号ですさみ海水浴場駐車場（無料・トイレあり）へ。夏は海水浴客でにぎわい、早い時間から満車になりやすい。または国道42号沿いにある道の駅イノブータンランド・すさみへ。

■**登山適期**
新緑、ミツバツツジの咲く4月中旬～5月中旬がベスト。冬の日だまりハイクもよい。

■**アドバイス**
▽道の駅イノブータンランド・すさみ横からの林道終点（駐車場あり）に、長井坂との連絡道がある。林道終点から長井坂出合まで約10分。
▽紀勢道すさみ南ICを降りてすぐのところにある道の駅すさみには、カブトガニやイセエビなど約150種の甲殻類を展示する「エビとカニの水族館」が併設されている。

■**問合せ先**
すさみ町観光協会☎0739・34・3200、道の駅イノブータンランド・すさみ☎0739・55・4686、道の駅すさみ☎0739・58・8888、エビとカニの水族館☎0739・58・8007

■**2万5000分ノ1地形図**
江住・紀伊日置

モチツツジの花が古道を彩る。

しばらくして恋人岬《こいびと》や沖《おき》ノ黒《くろ》島、陸《りく》ノ黒島方面の眺望が開ける。緩やかに下りはじめると、車道分岐の**茶《ちゃ》屋《や》の壇《だん》**に降り立つ。かつてここを訪れた旅人たちは、茶屋跡から望む太平洋や江須崎《えすざき》、本州最南端・潮《しお》岬への雄大な景色に感嘆の声を上げたという。現在、茶屋跡は樹木が茂り、自然石の小さな道標石だけがひっそりと立っている。

道標石をあとに、支尾根沿いの古道に入る。樹林のすき間越しに、枯木灘《かれきなだ》、見老津《みろづ》海岸の広大な景色が開ける。箱庭のように見えていた海岸線が目の前に近づくと、**JR見老津駅**はすぐだ。

長井坂の茶屋跡をすぎてから望む見老津の海岸

CHECK POINT

1 生コン工場内に入ってすぐ右に馬転び坂への古道入口がある。石段を上がって古道に入る

2 馬転び坂を下ると古道が国道と合流し、すぐ先を左折すると「西の庚申さん」とよばれる庚申塔がある

3 杉林の町道を進み、左手の「タオの峠」の案内板にしたがって古道に入る

4 和深川を渡ると長井坂の西側登り口がある。別名「長柄坂」ともよばれる道だ

5 版築(段築)。尾根道を土手状に固めて歩きやすくしたもので、古道の特徴を表している

6 車道分岐の茶屋跡に「ひだ里ハくまのみち、みぎハやまみち」(左は熊野道、右は山道)の石標が立っている

41 黒嶽

くろだけ 650m

露出した岩肌をぬって大塔山系の前衛峰へ

日帰り

歩行時間＝4時間40分
歩行距離＝9・0㎞

技術度 ★★☆☆☆
体力度 ★☆☆☆☆

コース定数	＝18
標高差	＝453m
累積標高差	↗643m ↘643m

登山口となる平瀬の集落から黒嶽の雄姿を望む

4等三角点のある黒嶽山頂。疎林帯のすき間から西ノ峰の視界が得られる

黒嶽は、田辺《たなべ》市平瀬《ひらせ》集落の北方に、峻険な岩壁となってそそり立っている。登山口の平瀬は、「乙女の寝顔」と称される半作嶺《はんされい》（112ページ参照）のビューポイントとして知られる。

大塔《おおとう》村歴史民俗資料館前が起点。半作嶺を背に、県道を近露《ちかつゆ》方面へと向かう。車道は右、左に大きくカーブを描く。小学校跡をすぎ、三差路を斜め左上にのびる舗装道に入る。これを登って、まずは前方の高台に建つ海蔵寺《かいぞうじ》を目指そう。

海蔵寺の少し手前の**黒嶽登山口**を左へとり、踏跡の薄い植林帯に入る。徐々に傾斜を強めながら、高度を上げていく。振り返ると、半作嶺から三《み》ッ森山《もりやま》の山稜がせり上がってくる。

■鉄道・バス
登山に使える公共交通機関はない。

■マイカー
紀勢道上富田ICから国道311号に入り、鮎川新橋を渡って県道219号、国道371号を経て、田辺市平瀬の大塔村歴史民俗資料館近くの駐車スペースへ。

■登山適期
新緑は4月中旬～5月中旬、ツツジの花は5月中旬、紅葉は11月中旬～下旬がベスト。展望の楽しめるコースなので、冬枯れの季節もよい。

■アドバイス
▽登山口近くが不明瞭で、季節によりやぶになるため注意。中ほどあたりからよく踏まれた尾根道となる。
▽山頂からの下山ルートの踏跡が薄い。左の尾根に入りこまないよう、北東尾根の急坂を下る。その先の下ノ川林道に下る尾根分岐点も見落とさないこと。左うしろ方向に下る。
▽大塔地区の下川下にキャンプ場の大塔青少年旅行村、谷野口に宿泊施設のおおとう山遊館がある。
▽半作嶺の北山麓に、日帰り温泉の「富里温泉乙女の湯」がある。

■問合せ先
田辺市観光振興課☎0739・26・9929、大塔観光協会☎0739・48・0301、おおとう山遊館☎0739・62・0062、大塔青少年旅行村管理事務所☎0739・63

登山道は疎林帯の道で、木の根をつかみながら、高度を上げていく。やがて**502㍍峰**に出ると、樹林のすき間越しに目指す黒嶽が姿を現す。ここで左の尾根をわずかに進むと、大岩の向こうに西《にし》ノ峰《みね》が見えるポイントがある。

502㍍峰に戻って踏跡の薄い尾根道を急下降し、一転して露岩まじりのやせ尾根を登っていく。とくに難所というほどではないが、足もとに注意しながら慎重に進む。樹林のすき間からは湾曲した日置川が、その奥に半作嶺や百間《ひゃっけん》山《ざん》、法師山《ほうしやま》、ゴンニャク山《やま》、野竹《のたけ》法師《ほうし》が見えている。ここまで来たら黒嶽の山頂はすぐだ。たどり着いた**黒嶽**の山頂からは、西ノ峰が間近に望まれる。

帰路は、薄い踏跡に注意しながら、北東尾根をいっきに下る。しばらく視界の閉ざされた、緩やかな起伏の尾根を伝う。やがて小さな鞍部を通りすぎ、すぐ先の**尾根分岐**で左斜めうしろ方向に道をとる。薄い踏跡を見落とさないように注意しよう。

尾根分岐から大きく下って、下《しも》ノ川の**林道**に出る。林道を左にとって、春日《かすが》神社のある**国道分岐**を左へ行くと、起点の**大塔村歴史民俗資料館**に戻ってくる。

・0133、大塔交通社☎0739・48・8138（山遊館・青少年旅行村管理指定者）、富里温泉乙女の湯☎0739・63・0126
■2万5000分ノ1地形図 栗須川

CHECK POINT

「乙女の寝顔」の山容で知られる半作嶺を背に、大塔村歴史民俗資料館前の車道を斜め右へ進む

平瀬小学校跡前の県道を近露方面に進み、海蔵寺へと続く斜め左上の舗装道に入っていく

黒嶽登山口。直進の道は海蔵寺へ。ここは斜め左上の山道を登って、黒嶽の支尾根に取り付く

疎林帯の間、木の根や岩角をつかみながら岩尾根を登っていく

黒嶽の北東尾根を下った鞍部の先にある尾根の分岐。写真の右手方向に下る。踏跡が薄いため注意する

山頂近くからの眺め。足もとに蛇行した日置川、その向こうに嶽山、野竹法師、ゴンニャク山を望む

42

嶽山

露出した岩尾根を伝ってシャクナゲの咲く山を目指す

だけやま
850m

日帰り

歩行時間＝5時間45分
歩行距離＝7・2km

技術度
体力度

コース定数	＝21
標高差	＝663m
累積標高差	788m（上り）/ 788m（下り）

南面の熊野下川林道からの嶽山の雄姿

嶽山山頂から大塔山脈の主稜線を望む

嶽山を見上げながら馬の背の岩稜を進む

　嶽山は、江戸時代の地誌『紀伊《きい》続風土記《ぞくふどき》』に「山皆石巖《やまみなせきがん》なる故《ゆえ》に峻《しゅん》にして攀《よじ》るべからず」と記される。南面の熊野下川《ゆやしもかわ》林道の嶽山展望台からは露出した岩尾根を抱く嶽山がひときわ目を引き、なるほどと思わせる。

　日置《ひき》川支流・安《やす》川に沿って県道219号を東進、和田《わだ》川へのY字路（**嶽山登山口分岐**）を左上へ進む。右上に嶽山西尾根の荒々しい岩稜が目に飛びこんでくると、しばらくして和田集落入口の**嶽山登山口**に着く。

　和田川に下り、川を徒渉する。廃屋の裏手に回りこみ、スギやヒノキの植林帯を急登して、西尾根に取り付く。低木帯のブッシュを難なく抜け、蟻《あり》の戸渡《とわたり》とよばれる岩場を登る。その後も木の根や岩角をつかみながら、慎重に高度を

■**鉄道・バス**
登山に適した公共交通機関はない。

■**マイカー**
紀勢道上富田ICから国道311号、県道219号、国道371号を経て、和田川沿いにある嶽山登山口の駐車スペースへ。

■**登山適期**
新緑は4月中旬～5月中旬、シャクナゲの花は5月中旬～下旬。紅葉は11月中旬～下旬がベスト。展望の楽しめるコースなので、冬枯れの季節もよい。

■**アドバイス**
▽西尾根の嶽山登山口が不明瞭。また、和田川には橋が架かっていないため、徒渉する必要がある。水が多い時は、無理をしないこと。
▽山頂へは急斜面の岩場の登りが続くため、慎重に行動する。本コースを逆コースで計画することは危険。
▽烏帽子岩の巻道分岐を見落とさないように注意する。山腹を左にトラバースしたのち、斜面を直上し、西尾根に戻る。烏帽子岩に登る直登ルートは岩登りの装備を要する。
▽半作嶺の北山麓に、日帰り温泉の「富里温泉乙女の湯」がある。

■**問合せ先**
田辺市観光振興課☎0739・26・9929、大塔観光協会☎0739・48・0301、おおとう山遊館☎0739・62・0062、大塔青少

上げていく。周囲の山々がせり上がり、眼下に和田の集落が開けている。眺望はすばらしいが、岩の上での行動には危険が伴うため、細心の注意が求められるところだ。

　やがて、**小ピーク**に達する。樹林のすき間から烏帽子《えぼし》岩（ローソク岩）を望む。なおも登って、西尾根の巻道を左へ。しばらくの間、視界の閉ざされた樹林帯のトラバース道を進む。

　薄い踏跡に注意しながら、いっきに高度を上げる。岩尾根に突き上がると、南側がスッパリ切れ落ちている。足元に樹海が広がり、烏帽子岩が右手すぐのところにそそり立っている。左の岩尾根を伝って馬《うま》の背《せ》を越えると、嶽山の山頂へはもうひと登りだ。

　たどり着いた**嶽山**の山頂は樹林に囲まれた狭い小台地で、南のピークの樹林のすき間からは、大塔《おおとう》山系の主稜線に連なる三《み》ッ森山《もりやま》、百間山《ひゃっけんざん》、法師山《ほうしやま》、大塔山《さん》の山々が美しい。

　帰路は南のピーク手前を右へとり、南尾根を下る。春はシャクナゲの花が新緑に彩りを添える道だ。埋設ケーブルに沿って急坂が続く。足もとに注意しながら、慎重に下っていこう。

　低木帯のブッシュを抜けると、**柿平**《かきだいら》の民家の庭先に出る。安川沿いの県道を右にとり、**嶽山登山口分岐**を経て**嶽山登山口**に戻る。

烏帽子岩（ローソク岩）の岩峰

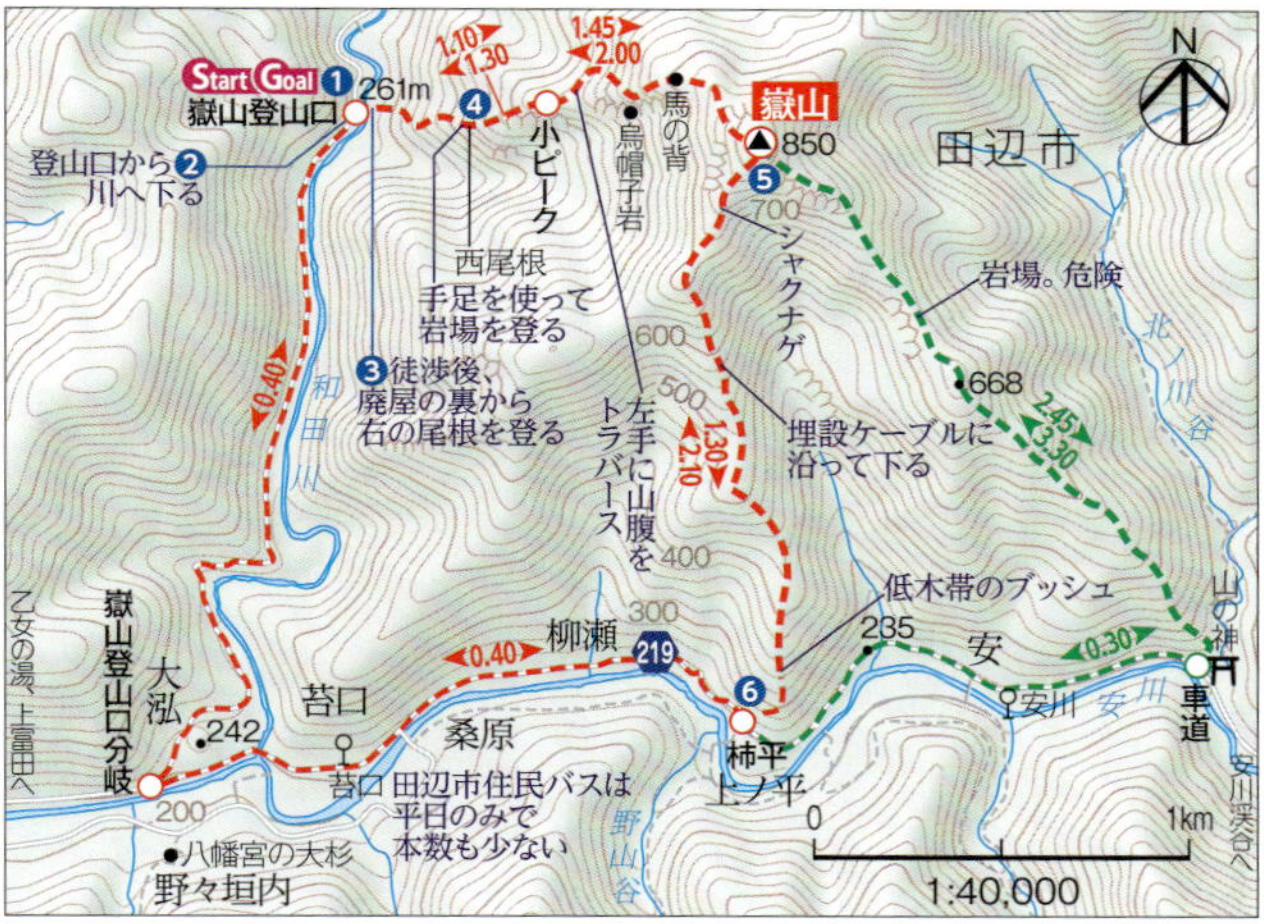

CHECK POINT

和田集落手前の嶽山登山口。右手に駐車スペース（写真では左）がある

嶽山登山口をあとに、和田川の谷に下っていく

和田川を徒渉し、対岸の廃屋の裏手から右の尾根に取り付く

「蟻の戸渡」とよばれる岩場を、ロープを使って登る

山頂の樹林のすき間からゴンニャク山（左）、ピラミダルな野竹法師を望む

上ノ平集落・柿平の民家の庭先に下る。この先は車道歩きが続く

年旅行村管理事務所☎0739・63・0133、大塔交通社☎0739・48・8138（山遊館・青少年旅行村管理指定者）、富里温泉乙女の湯☎0739・63・0126

■2万5000分ノ1地形図
栗栖川・皆地・合川・木守

43

初春にはタムシバの花が咲くワイルドな縦走コース

三ッ森山・半作嶺

みつもりやま 950m
はんされい 894m

日帰り

歩行時間＝5時間10分
歩行距離＝5・7km

技術度 体力度

コース定数＝**17**

標高差＝273m

累積標高差 600m 600m

「乙女の寝顔」の美称で親しまれている半作嶺。鼻が半作嶺の山頂

半作嶺は、山容が優美な女性の寝姿のように見えることから、「乙女の寝顔」の美称がある。江戸時代の地誌『紀伊続風土記《きいぞくふどき》』に「半作は木の名、又水目《みずめ》桜ともいふ…此嶺半作の大樹などありしより嶺の名に呼ひ来るなるへし…」と、山名の由来が記されており、昔、この山にミズメ桜の大木があったことがうかがえる。一方、半作嶺の東の山稜にはその名のごとく3つの峰から構成される三ッ森山が連なり、ともに360度の眺望に恵まれている。

半作嶺山頂から三ッ森山〜百間山の主稜線を望む

半作峠北登山口から植林帯の急坂道を登って、**半作峠**へ。半作峠は富里《とみさと》から花折《はなおれ》峠、熊野《ゆや》、板立《いただて》峠を経て木守《こもり》に越える古くからの峠道で、この道はかつて「富里街道」とよばれていた。峠には2体の地蔵尊が祀られている。ここでは半作峠を起点に、半作嶺と三ッ森山の2峰を目指そう。

まずは左の三ッ森山を目指し、縦走路を東へ進む。初春はタムシバの花が点景を添え、5月にはシャクナゲの花が咲く道だ。しばらくして、南側に伐採された山腹道をたどるようになる。再び主稜線に出て急斜面をいっきに登ると、大岩がそそり立つ**三ッ森山**山頂に着く。山頂からは、東に百間山《ひゃっけんざん》から法師山《ほうしやま》、入道山《にゅうどうやま》、北に野竹法《のたけほう》

■鉄道・バス
登山に適した公共交通機関はない。

■マイカー
紀勢道上富田ICから国道311号、県道219号、国道371号、熊野（ゆや）下川林道を経て、熊野下川トンネル手前にある半作峠北登山口の駐車スペース（5台・トイレなし）へ。

■登山適期
タムシバの花は4月初旬、シャクナゲは5月中旬〜下旬。新緑のきれいな4月下旬から5月中旬がベスト。展望の楽しめるコースなので、冬枯れの季節もよい。

■アドバイス
▽本コースの縦走路は、低山といえども侮ることができない。踏跡が薄いため、地図と磁石は必携。また、露岩帯では滑落することのないよう。慎重に行動すること。

▽三ッ森山から主稜線を東へ、百間山〜法師山〜大塔山まで、大塔山脈縦走コースが設定できる。

▽半作嶺の山名の由来となったミズメは比較的なじみの深い樹木ではあるが、現在、半作嶺の山頂付近には、ツガやトガサワラ、ヒノキ、アカガシなど、岩地特有の森林が幅を利かせている。

▽半作嶺の北山麓に、日帰り温泉の「富里温泉乙女の湯」がある。

■問合せ先
田辺市観光振興課☎0739・26・

3つの峰からなる三ッ森山

大岩がそそり立つ三ッ森山の山頂。360度の展望地だ

師《し》、ゴンニャク山《やま》の360度の大パノラマが開けている。西の方向には、このあと向かう半作嶺へと続く縦走路の山稜が見渡せる。

山頂をあとに**半作峠**まで戻り、峠を直進する。やがて右上の支尾根に取り付き、露岩の間をぬって**半作嶺**の岩峰へ。東に三ッ森山や百間山、法師山といった山々が幾重にも重なり、北には果無《はてなし》山脈、奥高野《おくこうや》の山稜が薄く霞んでいる。西の方向には、田辺《たなべ》湾や紀伊水道の海が陽光にまぶしく輝いている。

帰路は**半作峠**まで引き返し、植林帯を急下降して**半作峠北登山口**に戻る。

9929、大塔観光協会☎0739・48・0301、おおとう山遊館☎0739・62・0062、大塔青少年旅行村管理事務所☎0739・63・0133、大塔交通社☎0739・48・8138（山遊館・青少年旅行村管理指定者）、富里温泉乙女の湯☎0739・63・0126

■2万5000分ノ1地形図
合川

CHECK POINT

1 熊野下川トンネル北入口手前の半作峠北登山口。入口に駐車スペースがある

2 2体の地蔵尊が祀られている半作峠。峠をあとにまずは三ッ森山へ

3 南側斜面が大きく切り開かれた自然林の縦走路をたどっていく

4 険しいアップダウン後、大岩の左手を通過する。三ッ森山の山頂は近い

5 小さなアップダウンをくり返して、半作嶺への岩峰を越えていく

6 四方さえぎるものがない半作嶺山頂。三ッ森山に向かう主稜線が望める

44 ひと滝ごとにくり広げられる滝や淵、釜の競演

百間山《ひゃっけんざん》 999m

日帰り

歩行時間＝5時間5分
歩行距離＝7・4km

技術度 ■□□□□
体力度 ■□□□□

コース定数＝20

標高差＝677m

累積標高差 ↗798m ↘798m

滝壺に満々と水をたたえた釜王ノ釜

大塔山系《おおとうさん》の主峰・大塔山《さん》から西に派生した山稜は、法師山《ほうしやま》や三ッ森山《みもりやま》、半作嶺《はんされい》など、名だたるピークを連ねる。その中ほどに百間山はそびえている。百間山と三ッ森山の南麓には、渓谷美で知られる百間山渓谷がある。

三ッ森山山頂から百間山〜法師山の縦走路を望む

百間山渓谷入口から遊歩道に入り、まずは梅太郎《うめたろう》というきこりの落とした枝が根付いたという、樹齢500年のウバメガシの老木が茂る梅太郎渕《ぶち》へ。巨岩の間をくぐり抜けると、2段となって美しい水を落とす榧《かや》ノ滝に迎えられる。

さらに蓋《ふた》おい釜《かま》、藤《ふじ》ノ中島《なかじま》、難《なん》渋《じゅう》ノ壺《つぼ》と続く。巨岩や奇岩、清冽な滝、濃紺の水をたたえた底知れぬ釜…と、ひと滝ごとにくり広げられる自然美の競演だ。そして、うっそうと茂るトチノキやホウノキ、ヒメシャラ、イロハカエデなどの落葉高木も渓谷によく映える。

やがて雨乞《あまご》いの神楽《かぐら》が行われたという、**雨乞いノ滝**に出る。左岸を巻いて登り、三十三尋《さんじゅうさんひろ》ノ滝、夫婦《めおと》滝と続き、ほどなく**犬落《いぬお》ちノ滝**に着く。ひと筋の水が、まっすぐ滝壺にすべり落ちている。ひと息つきたいところだ。

さらに狭くなった谷間を遡ると、滝《たき》ノ谷《たに》ノ滝や夜明《よあ》けノ釜、釜王《かまおう》ノ釜が涼しげな音を響かせている。

やがて**百間山登山口**に着く。直進は千体仏《せんたいぶつ》から板立《いただて》峠へ、ここは左へとり、百間山を目指そう。わずかで、法師山から入道山《にゅうどうやま》の山稜を間近に望む眺望スポットの大岩に出る。スギやヒノキの植林帯を急登すると、**百間山**の山頂に着く。

山頂からは、樹林のすき間越しにゴンニャク山から野竹法師《のたけほうし》、法

千体仏。ここで遊歩道を引き返す

■鉄道・バス
登山に適した公共交通機関はない。

■マイカー

犬落ちノ滝。昔、猪追いにきた犬が猪もろとも転がり落ちたという

師山、入道山の眺望が開けている。

帰路は**千体仏**に立ち寄ったあと、往路を**犬落ちノ滝**まで戻る。夫婦滝をすぎたあたりで渓谷を離れ、山腹沿いの道に入る。右足もとに渓谷を眺めながら、遊歩道を進む。やがて山道をいっきに下ると、**百間山渓谷入口**に戻ってくる。

CHECK POINT

1

梅太郎渕に懸かる滝をあとに、大岩のすき間をくぐっていく

2

大岩のすき間を抜けると、2段に水を落とす櫃ノ滝が目の前に現れる

3

コサメ渕に架かる吊橋を渡って、遊歩道を進む

4

蓋おい釜は、大きな釜にすべるように水が流れ落ちている

5

雨乞いノ滝。日照りが続くと、ここで雨乞いの神楽をあげたという

6

尾根に入ってわずかに進むと大岩に出る。南側の展望が大きく開けている

紀勢道上富田ICから国道311号、県道219号、国道371号、熊野(ゆや)下川林道を経て百間山渓谷駐車場へ(無料・トイレあり)。

■登山適期

新緑は4月下旬～5月中旬、シャクナゲの花は5月下旬。春から初夏の渓流遊び、紅葉の11月下旬～12月上旬がベスト。

■アドバイス

▽百間山渓谷入口周辺の集落が2011(平成23)年の台風12号によって甚大な被害を受け、板立峠に向かう林道の復旧工事が今なお続けられている。百間山渓谷遊歩道は以前通り歩けるように復旧されている。

▽周回コースとして以前使われていた千体仏からの帰路ルートは、崩壊しているため利用できない。

▽半作嶺の北山麓に、日帰り温泉の「富里温泉乙女の湯」がある。

■問合せ先

田辺市観光振興課☎0739・26・9929、大塔観光協会☎0739・48・0301、おおとう山遊館☎0739・62・0062、大塔青少年旅行村管理事務所☎0739・63・0133、大塔交通社☎0739・48・8138(山遊館・青少年旅行村管理指定者)、富里温泉乙女の湯☎0739・63・0126

■2万5000分ノ1地形図

合川・木守

45

アケボノツツジやシャクナゲが咲く花街道の山を歩く

法師山①

ほうしやま
1121m

日帰り

歩行時間＝4時間35分
歩行距離＝5・5km

技術度 ▲▲▲▲▲（3/5）
体力度 ♥♥♥♥♥（1/5）

コース定数＝**17**	
標高差＝522m	
累積標高差	↗ 671m
	↘ 671m

アケボノツツジ咲く1006メートル峰近くから法師山を望む

法師山は、法師森《もり》や法師ノ峰《みね》ともいわれる山で、江戸時代の地誌『紀伊続風土《きいぞくふど》記《き》』には、「山峰他峰よりすくれて其頂《そのいただき》を顕《あらわ》すを似《もっ》て名つくるなり」と、山名の由来が記されている。高さでは大塔《おおとう》山系の主峰・大塔山よりわずか1・6メートル及ばないものの、山頂からの眺望は山系一を誇る。

田辺市木守《こもり》集落から板立《いただて》峠に向かう木守杣谷《そまたに》林道の途中に、**トウベ谷出合《だにであい》登山口**がある。ここから支尾根に取り付き、植林帯の薄い踏跡の道を登っていく。視界の閉ざされた急勾配の登高が続く。

やがて1008メートル峰の南山腹を通る**縦走路**に出る。左は百間山《ひゃっけんざん》への道、ここでは右にとって足場の悪い山腹をトラバースし、主稜線に出る。

主稜線を進むと、ほどなく岩稜に突き当たる。木の根と岩角をつかみながら慎重に岩稜を登ると、すぐに展望のよい岩峰に着く。さらに**1029メートル峰**を通過して直下の急斜面を下ったのち、緩やかな起伏の主稜線を伝う。

やがて、左から安川《やすかわ》の登山口からの道が合わさる（**縦走路分岐**）。4月末から5月上旬にはブナ原生林の森にミツバツツジやアケボノツツジの花が登山道を彩る道をひと登りすると、**法師山**の山頂にたどり着く。

山頂からは360度の眺望が開け、西に百間山、三《み》ッ森《もり》山、半作《はんさ》嶺《れい》と続く山稜、東に双耳峰《そうじほう》の大塔山本峰《ほんぽう》、南に入道山《にゅうどうやま》へとのびる縦走路、北に果無《はてなし》山脈や奥高野《おくこうや》の山々が、重畳と波打っている。

山頂をあとに低木の樹林帯の間を下降すると、ブナ原生林の森が

■鉄道・バス
公共交通機関はない。
■マイカー
紀勢道上富田ICから国道42・311号、県道36・37号、国道371号、木守杣谷林道を経てタママツ尾根登山口、またはトウベ谷出合登山口の駐車スペースへ（2～3台）。
■登山適期
新緑は4月下旬～5月中旬、アケボノツツジ、ミツバツツジ、シロヤシオの花は5月上旬、シャクナゲの花は5月中旬～下旬。紅葉は11月中旬～下旬がベスト。
■アドバイス
▽法師山登山道は、登路で使用するトウベ谷出合からの尾根ルートと、下山路で使用する東隣のタママツ尾根ルートの2コースが代表的。登山口近くの地形が似かよっているので、

広がってくる。カエデやミズナラの樹林帯を下っていく。ミツバツツジ、アケボノツツジをはじめ、5月中旬から下旬にはシャクナゲの花が咲く、快適な道だ。

1006㍍峰で法師山に別れを告げ、タママツ尾根を急下降する。木の根の張り出した急斜面の道を慎重に下ると、木守杣谷林道上の**タママツ尾根登山口**に降り立つ。右へ進むと、すぐに起点の**トウベ谷出合登山口**に戻り着く。

法師山山頂は果無山脈や大塔山脈主稜線の山々などの大パノラマが広がる

幻想的なブナ原生林の森を歩く

入口に注意すること。

▽縦走路出合から法師山に向かう縦走路は、やせた岩尾根を登るため、細心の注意を払い行動すること。

■問合せ先

田辺市観光振興課☎0739・26・9929、大塔観光協会☎0739・48・0301、おおとう山遊館☎0739・62・0062、大塔青少年旅行村管理事務所☎0739・63・0133、大塔交通社☎0739・48・8138（山遊館・青少年旅行村管理指定者）

■2万5000分ノ1地形図

木守

CHECK POINT

1 トウベ谷出合登山口。トウベ谷に架かる橋のたもとから支尾根に取り付く

2 1008m峰の南山腹の分岐。法師山主稜線へは山腹をトラバースしていく

3 岩稜は岩の割れ目を伝って登る。その後は一枚岩をトラバースして岩峰へ

4 1029㍍峰手前にある岩峰からの眺望はすばらしい。ひと休みには最適

5 1003㍍峰を通りすぎたらテント適地を左に登って、法師山を目指す

6 ブナ原生林の森に咲くミツバツツジ。法師山の山頂はもうすぐだ

7 ブナ原生林の森を1006㍍峰に向けて快適に下っていく

8 林道上のタママツ尾根の登山口。トウベ谷出合登山口は右へすぐのところだ

＊コース図は118・119㌻を参照。

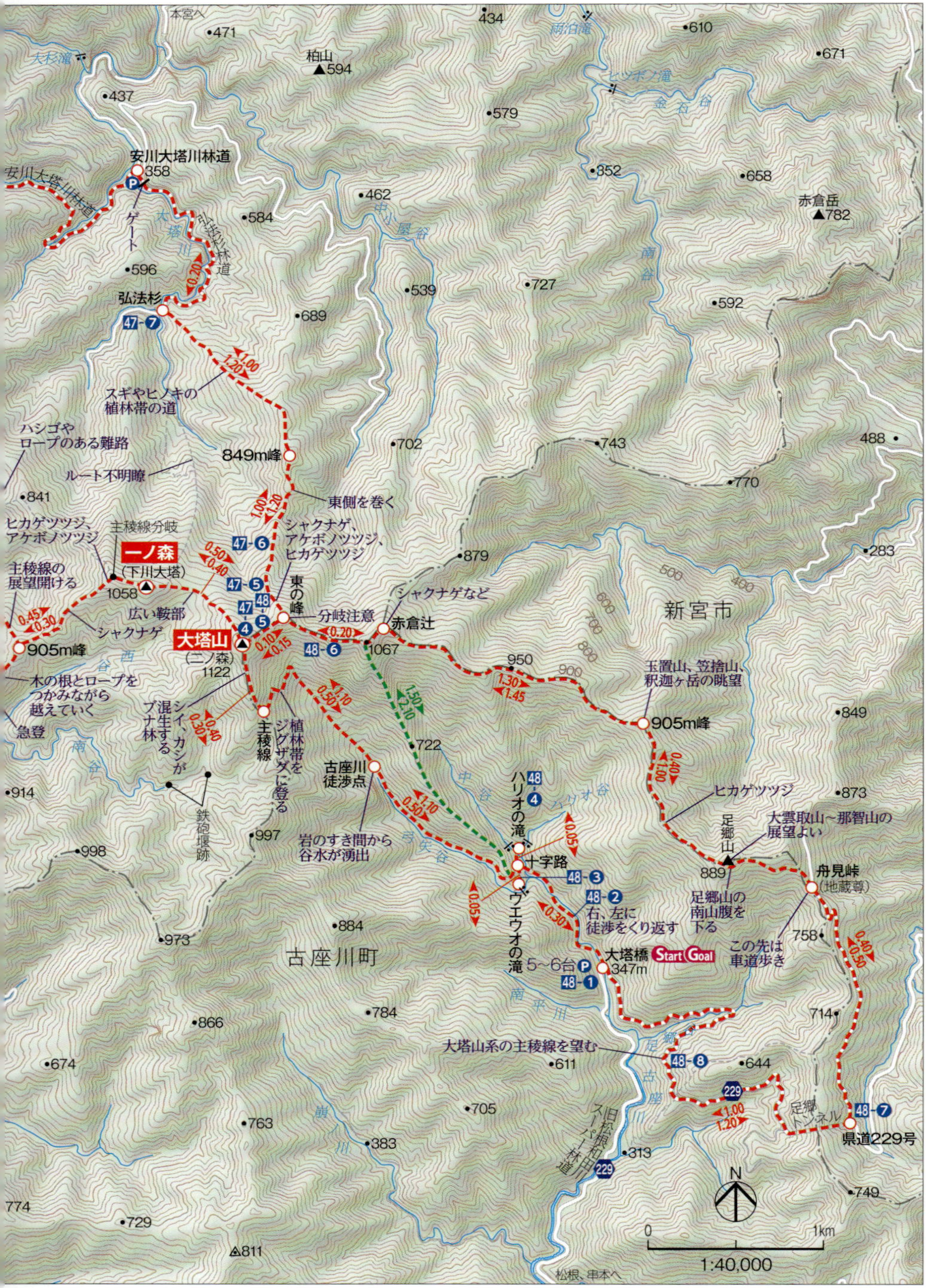

安川大塔川林道
358
ゲート
弘法杉
スギやヒノキの植林帯の道
ハシゴやロープのある難路
ルート不明瞭
849m峰
東側を巻く
シャクナゲ、アケボノツツジ、ヒカゲツツジ
ヒカゲツツジ、アケボノツツジ
主稜線分岐
一ノ森
(下川大塔)
1058
主稜線の展望開ける
広い鞍部
シャクナゲ
905m峰
大塔山
(二ノ森)
1122
東の峰
分岐注意
シャクナゲなど
赤倉辻
1067
木の根とロープをつかみながら越えていく
急登
シイ、カシが混生する ブナ林
主稜線
植林帯をジグザグに登る
古座川徒渉点
岩のすき間から谷水が湧出
鉄砲堰跡
ハリオの滝
十字路
ヴエウオの滝
右、左に徒渉をくり返す
大塔橋
Start Goal
347m
5～6台
新宮市
古座川町
950
玉置山、笠捨山、釈迦ヶ岳の眺望
905m峰
ヒカゲツツジ
足郷山
889
大雲取山～那智山の展望よい
舟見峠
(地蔵尊)
足郷山の南山腹を下る
この先は車道歩き
大塔山系の主稜線を望む
足郷トンネル
県道229号
日置川古座線 スーパー林道
本宮へ
松根、串本へ
柏山 594
赤倉岳 782
1:40,000

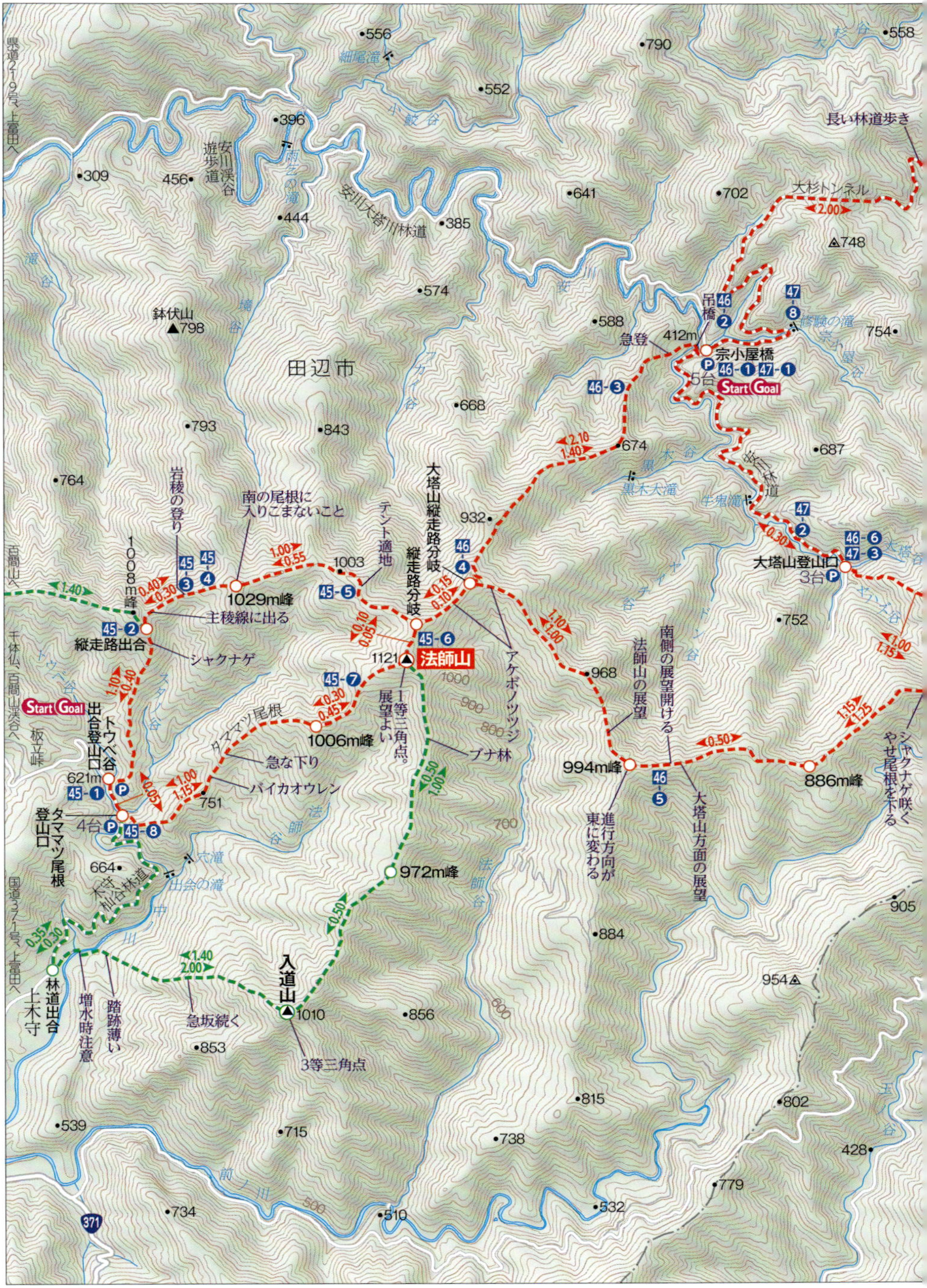
田辺市
法師山
1121
鉢伏山 798
大塔山縦走路分岐
縦走路分岐
縦走路出合
主稜線に出る
1029m峰
1006m峰
994m峰
886m峰
972m峰
入道山 1010
3等三角点
1等三角点。展望よい
宗小屋橋
412m
5台
大塔山登山口
3台
トウベ谷出合登山口
621m
4台
タママツ尾根登山口
林道出合
上木守
岩稜の登り
南の尾根に入りこまないこと
テント適地
シャクナゲ
アケボノツツジ
ブナ林
急な下り
バイカオウレン
タイマツ尾根
急坂続く
増水時注意
踏跡薄い
長い林道歩き
大杉トンネル
急登
吊橋
法師山の展望
南側の展望開ける
進行方向が東に変わる
大塔山方面の展望
シャクナゲ咲くやせ尾根を下る
県道219号、上富田へ
国道371号、上富田へ
百間山へ
千体仏、百間山渓谷へ
板立峠
安川渓谷遊歩道
安川大塔川林道
木守仙谷林道
黒木大滝
牛鬼滝
修験の滝
細尾滝
雨乞の滝
穴滝
出会の滝
1008m峰
Start Goal

46

法師山から主稜線を縦走、キレットを越えて双耳峰の一角へ

法師山②・一ノ森（下川大塔）①

ほうしやま　1121m
いちのもり（しもかわおおとう）　1058m

日帰り

歩行時間＝8時間50分
歩行距離＝11・1km

技術度 ▲▲▲△△　体力度 ♥♥♡♡♡

コース定数	＝**32**
標高差	＝709m
累積標高差	↗1171m ↘1171m

法師山山頂から一ノ森（右）、大塔山本峰（右奥）への主稜線を望む

大塔《おおとう》山系の主峰・大塔山《さん》は、本峰の二《に》ノ森《もり》と、下川大塔ともよばれる一ノ森が双耳峰をなす。西隣の法師山は大塔山系一の眺望で知られ、ともに熊野《くまの》を代表する2峰だ。ここでは、法師山から一ノ森への主稜線縦走コースを紹介する。

安川《やすかわ》大塔川林道の**宗小屋《そうごや》橋**東詰を右にとって安川林道に入ると、すぐに法師山登山口に着く。吊橋を渡ると、いきなり植林帯の急登がはじまる。大塔山系の山々がせり上がり、左前方、疎林帯のすき間越しに円錐形の一ノ森が見える。

シャクナゲが咲くやせ尾根を登っていくと、やがて左に大塔山への縦走路が分岐（**大塔山縦走路分岐**）、続いて右に百間山《ひゃっけんざん》方面への縦走路を分ける（**縦走路分岐**）。ミツバツツジやアケボノツツジ、シロヤシオの花が咲く低木帯を急登すると、**法師山**の山頂に出る。

山頂からは、西に百間山から三《み》ツ森《もり》山、半作嶺《はんされい》、南には入道山《にゅうどうやま》、東には赤倉山《あかくらやま》、大塔山二ノ森と一ノ森が美しい双耳峰《そうじほう》を描き、北には果無《はてなし》山脈と、360度の大パノラマが思いのままだ。

山頂をあとに往路を**大塔山縦走路分岐**に戻り、主稜線を右にとる。

■鉄道・バス
公共交通機関はない。

■マイカー
紀勢道上富田ICから国道311号、県道219号を経て安川大塔川林道に入り、宗小屋橋へ。橋の東詰に5台分の駐車スペースあり。

■登山適期
新緑は4月下旬～5月中旬、アケボノツツジ、ミツバツツジの花は5月上旬、シャクナゲの花は5月中旬～下旬。紅葉は11月中旬～下旬がベスト。

■アドバイス
▽法師山から下川大塔への縦走路は、ミツバツツジやアケボノツツジの花が咲く快適な自然林の道だが、994メートル峰をすぎるとやや踏跡が薄くなるので、稜線を外さないように歩くこと。また、905メートル峰の手前付近は、小さなキレットのアップダウンが続く。細心の注意を払って通過すること。
▽905メートル峰と一ノ森間の縦走路には、シャクナゲの群生地がある。一ノ森は樹林が茂るピークで、展望はない。
▽安川大塔川林道沿いに安川渓谷遊歩道が整備され、中ほどに雨乞の滝が懸かる。春、ミツバツツジやシャクナゲの花が渓谷を彩る。
▽半作嶺の北山麓に、日帰り温泉の「富里温泉乙女の湯」がある。

ロープをつかみながらキレットを下り905㍍峰へ向かう

994m峰近くの主稜線からの法師山

うっそうとした樹林帯にアケボノツツジの花が咲く縦走路を進む。994㍍峰で東に向きを変えると、南側の展望が大きく開ける。双耳峰の大塔山を眺めながら一ノ森へと向かう。広い稜線はやや踏跡が薄くなるが、稜線を外さないように歩く。

886㍍峰を通過してシャクナゲの木が茂るやせ尾根をいっきに下ると、目の前に小ピークが立ち塞がる。木の根とロープをつかみながら、キレットを越える。**905㍍峰**で安川からの登山道と合流し、一ノ森へと向かう。やがて大塔山と野竹《のたけ》法師の主稜線分岐に出る。**一ノ森**の山頂は右へすぐのところにある。

帰路は一ノ森をあとに往路を**905㍍峰**まで戻り、尾根を右へ進んで安川林道の**大塔山登山口**へ下る。あとは安川林道を**宗小屋橋**まで戻る。

CHECK POINT

1

宗小屋橋の東詰から安川林道に入ると、すぐに法師山登山口に着く

2

安川に架かる吊橋を渡って法師山への登りにかかる。いきなり急登が続く

3

登りはじめてしばらくすると、左手前方に一ノ森からの主稜線が見えてくる

4

大塔山縦走路分岐。写真では手前が法師山へ、正面が大塔山縦走路への道

5

一ノ森と大塔山本峰（二ノ森）を目指して主稜線をたどる

6

大塔谷まで下ると、安川林道はすぐのところだ

＊コース図は118・119ページを参照。

■問合せ先
田辺市観光振興課☎0739・26・9929、大塔観光協会☎0739・48・0301、おおとう山遊館☎0739・62・0062、大塔青少年旅行村管理事務所☎0739・63・0133、大塔交通社☎0739・48・8138（山遊館・青少年旅行村管理指定者）、富里温泉乙女の湯☎0739・63・0126

■2万5000分ノ1地形図
木守

47

アケボノツツジとシャクナゲが咲く主峰のブナ原生林を歩く

一ノ森（下川大塔）②・大塔山①

いちのもり（しもかわおおとう）　１０５８ｍ
おおとうさん　１１２２ｍ

日帰り

歩行時間＝７時間50分
歩行距離＝14・5㎞

技術度　体力度

コース定数	＝**34**
標高差	＝710m
累積標高差	↗1456m ↘1456m

アケボノツツジの花が大塔山脈主稜線を彩る

東面の赤倉辻から望む大塔山

大塔山は、主峰の二《に》ノ森《もり》と下川大塔ともよばれる一ノ森が双耳峰《そうじほう》をなす、大きな山塊だ。２峰の間が大きくたわんでいることから、「大なるタワの峯」がなまったことが山名の由来という。大塔山は熊《くま》野《の》を代表する山で、『紀《き》伊《い》続《ぞく》風《ふ》土《ど》記《き》』に「双峰高くそびえ、蟠根延蔓して殆んど十里に亘る熊野の鎮山というべし…」とも記される。

ここでは安川《やすかわ》大塔川林道の宗小屋《そうごや》橋から一ノ森を経て大塔山本峰に立ち、樹齢４５０年の古木・弘法《こうぼう》杉に下るコースを紹介する。

安川大塔川林道の**宗小屋橋**東詰にあるT字路を右にとり、右岸沿いの安川林道を進む。やがて右下から安川本谷が接近し、大塔谷の鉄橋を渡る。すぐ左に**大塔山登山口**がある。

登山口から視界の閉ざされたスギやヒノキの急登が続く。しばらくして、鋭く切れ落ちた大塔山脈主稜線が、左手からせり上がってくる。やがて法師山《ほうしやま》との縦走路上にある**９０５㍍峰**に突き上がり、左の一ノ森へ。ミツバツツジやシャクナゲの花が登山道を彩っている。

一ノ森の手前の分岐を右にとってただっ広い鞍部に下り、大塔山本峰《ほんぽう》の二ノ森へと登り返す。たどり着いた**大塔山**の山頂からは、西側足もとに前《まえ》ノ川の深い樹海が広がり、法師山から入道山《にゅうどうやま》、法師山から一ノ森へと続く大塔山脈主稜線の眺望が開けている。

下山は主稜線を東に進み、東《ひがし》の峰《みね》へ。ブナやツガ林を主体にした、大塔山特有のブナ原生林の森を堪能しよう。**東の峰**で足郷山《あしごうやま》への縦走路を右に分け、左の弘法杉方面の尾根道に入る。シャクナゲやアケボノツツジ、ヒカゲツツジが混成する尾根道を、いっきに下る。

８４９㍍峰をすぎ、北西尾根に進路をとる。スギやヒノキの植林

■**鉄道・バス**
公共交通機関はない。
■**マイカー**
紀勢道上富田ICから国道３１１号、県道２１９号を経て安川大塔川林道に入り、宗小屋橋へ。橋の東詰に５台分の駐車スペースあり。
■**登山適期**
新緑は４月下旬～５月中旬、アケボ

帯の道を下ると、やがて**弘法杉**がそびえる弘法杉林道に出る。**安川大塔川林道**に出て左へ進み、大杉トンネル経由で**宗小屋橋**までえんえんと林道を歩く。

ブナをはじめとする新緑が鮮やかな大塔山脈主稜線

CHECK POINT

宗小屋橋東詰のT字路を右にとって、安川林道に入る

林道をしばらく進むと、一ノ森から法師山へと連なる山稜が見えてくる

鉄橋を渡ったすぐ左手に大塔山登山口がある。登りははじめから急登となる

大塔山山頂。入道山から法師山、一ノ森へと連なる大塔山脈主稜線が見渡せる

東の峰から北に下ると、アケボノツツジの咲く樹林のすき間から一ノ森が見える

ヒカゲツツジの咲く尾根道を、849メートル峰へ向けて下っていく

弘法大師が箸代わりに使ったスギの枝が2本の大杉になったとされる弘法杉

宗小屋谷に懸かる修験の滝。橋の上からマイナスイオンたっぷりの滝を眺める

ノツツジやミツバツツジの花は5月上旬、シャクナゲの花は5月中旬～下旬。紅葉は11月中旬～下旬がベスト。

■アドバイス

▽弘法杉から宗小屋橋まで約5・5キロ・2時間近くを要する長丁場の林道歩きとなるため、足に自信のない人は一ノ森から大塔山の往復コースで計画しよう。

▽大塔山東の峰は、赤倉辻から足郷山へと向かう縦走路と弘法杉に下る分岐。ここで縦走路を右に分け左の尾根道を下るが、東の峰の南側にはトラバース道があり、迷いやすい。

▽修験の滝は2段・30メートルの、二条の美滝。橋の上から眺められる手軽な滝で、春の新緑、秋の紅葉ともに美しい。

▽半作嶺の北山麓に、日帰り温泉の「富里温泉乙女の湯」がある。

■問合せ先

田辺市観光振興課☎0739・26・9929、大塔観光協会☎0739・48・0301、おおとう山遊館☎0739・62・0062、大塔青少年旅行村管理事務所☎0739・63・0133、大塔交通社☎0739・48・8138（山遊館・青少年旅行村管理指定者）、富里温泉乙女の湯☎0739・63・0126

■2万5000分ノ1地形図

木守

＊コース図は118・119ページを参照。

48

古座川源流を遡り、アケボノツツジの咲くブナ原生林へ

大塔山②

おおとうさん
1122m

日帰り

歩行時間＝8時間10分
歩行距離＝13.1km

技術度
体力度

コース定数＝33
標高差＝775m
累積標高差 ↗1325m ↘1325m

大きな釜をもつハリオの滝や2段・18メートルのウエウオの滝が懸かる

アケボノツツジが咲く赤倉辻付近から大塔山を望む

古座《こざ》川源流を遡って大塔山に登り、南東にある足郷山《あしごうやま》へと向かう大塔山脈縦走コースを紹介する。

古座川町松根《まつね》集落から県道229号（旧松根和田《わだ》川スーパー林道）を北上すると、登山口の**大塔橋**に着く。古座川左岸から谷に下り、右、左に徒渉しながら進む。谷道だけに、大雨のあとは増水するため注意する。

やがて滝分岐の**十字路**に着く。直進する道は大塔山登山道、右はハリオの滝へ。ここではまず左にとって、**ウエウオの滝**を往復する。ウエウオの滝には「畑に植えればもっと大きくなるだろう…」と、滝の近くの畑に「魚」を植えた（植魚＝ウエウオ）という伝説が伝えられている。両岸から岩壁が狭まり、ウエウオの滝が岩を穿って懸かる。**十字路**に戻って直進し、**ハリオの滝**に立ち寄る。

両岸が狭まった絶壁の奥に懸かる2段・18メートルのウエウオの滝

再び**十字路**に戻り右へ進み、大塔山を目指そう。小滝が連続する谷間を進むと、やがて**古座川源流点**に達する。岩のすき間から谷水が湧き出ており、休憩には絶好のポイントだ。

ひと休憩したら、いよいよ急斜面の植林帯の登りにかかる。不明瞭な道が続くが、登るほどによく踏まれた道となり、ぐんぐん高度を上げていく。やがて大塔山の主**稜線**に登り着く。

右へとり、シイとカシが混成するブナ原生林の道を進む。大塔山本峰《ほんぽう》の二《に》ノ森《もり》へはもうひと登りだ。**大塔山**の山頂からは、入道山《にゅうどうやま》から法師山《ほうしやま》、一《いち》ノ森《もり》へと連なる山稜が指呼できる。

帰路は縦走路を東にとり、足郷山方面に向かう。急斜面をいっきに下って**東《ひがし》の峰《みね》**へ。左に弘法《こうぼう》杉へ

■鉄道・バス
公共交通機関はない。
■マイカー
紀勢道すさみ南ICから国道42号の串本町和深交差点を左折、県道229号（旧松根和田川スーパー林道）を

CHECK POINT

起点の大塔橋には5～6台の駐車スペースがある。橋のたもと、古座川左岸から谷沿いの道に入る

古座川沿いの道を徒渉しながら進む。谷沿いのコースだけに、天候の急変に注意

十字路を左にとると、両岸が狭まった奥にウエウオの滝が懸かる

十字路に戻って谷道を直進すると、数分でハリオの滝に着く

東の峰への途中にある、大塔山を象徴するブナの大木。シャクナゲの花も咲く

東の峰～赤倉辻間を行く。5月上旬にはアケボノツツジの花が彩る

舟見峠から林道を下ると県道229号（旧松根和田川スーパー林道）と合流する。大塔橋へは右に進む

大塔山系の主稜線を眺めながら、県道229号の舗装道を下っていく

満々と水を湛えた滝壺をもつハリオの滝

の道を見送り、**赤倉辻**《あかくらつじ》を経て足郷山を目指す。ブナやツガを主体にアケボノツツジ、ヒカゲツツジが混成し、秋ならアサマリンドウの花が咲く道だ。

緩やかに高度を下げていくと、やがて赤倉岳《だけ》や大倉畑山《おおくらはたやま》、大雲取《おおぐもとり》山《さん》といった山々が指呼できるビューポイントに着く。

足郷山山腹をトラバースして**舟**《ふな》**見**《み》**峠**に出て、**県道229号**まで下る。右に進んで足郷トンネルを抜け、起点の**大塔橋**に帰り着く。

北上して大塔橋の駐車スペース（5～6台）へ。

■登山適期

新緑は4月下旬～5月中旬、アケボノツツジやミツバツツジの花は5月上旬、シャクナゲの花は5月中旬～下旬。紅葉は11月中旬～下旬がベスト。

■アドバイス

▽大塔橋から滝分岐の十字路までの道は古座川の谷の徒渉を伴うため、大雨のあとの入山は避けること。

▽大塔山東の峰にある弘法杉に下る登山道と足郷山に向かう縦走路の分岐では、方向を間違えないようにしたい。

▽赤倉辻手前の1067㍍峰から南の古座川の十字路近くに下る、薄い踏跡の尾根道がある（十字路へ下り1時間50分）。

▽古座川峡の奇岩・ぼたん岩近くに宿泊施設の南紀月の瀬温泉ぼたん荘（立ち寄り入浴可）、一枚岩近くに入浴施設の美女湯温泉がある。

■問合せ先

古座川町産業建設課☎0735・72・0180、串本タクシー☎0735・62・0695、南紀月の瀬温泉ぼたん荘☎0735・72・0376、美女湯温泉☎0735・72・0180

■2万5000分ノ1地形図

木守・紀伊大野

＊コース図は118・119㌻を参照。

49

大峰山脈の最南端・奥駈道の霊地を歩く

七越峰・大黒天神岳

日帰り

ななこしみね 262m
だいこくてんじんだけ 574m

歩行時間＝6時間55分
歩行距離＝17・5km

技術度
体力度

コース定数	＝30
標高差	＝517m
累積標高差	↗1134m ↘1134m

山在峠から大黒天神岳に向かう縦走路から熊野川と大居の集落を望む

熊野《くまの》三山・熊野本宮《ほんぐう》大社の東にある七越峰は大峰《おおみね》山脈最南端に位置し、大峰山《さん》から数えて7つめの峰にあたるのが山名の由来という。大峰奥駈道《おくがけみち》の順峰コースとして、最初に目指すことになる山だ。

本宮大社前バス停を降りたら、まずは熊野本宮大社大斎原《おおゆのはら》に参拝する。大鳥居の向こうに七越峰を望む。備崎《そなえざき》橋を渡って、**備崎**に取り付く。備崎は七越峰から西に派生した丘陵尾根で、いっきに高度を上げる。七越峰の車道と合流し、すぐ右上の大峰奥駈道に入る。

やがて、右から高山《たかやま》からの道が合わさる。左上にとって七越峰へ。**七越峰**山頂には、シャクナゲやツツジ、サクラなどが植栽され、傍らに西行《さいぎょう》法師《ほうし》の歌碑と延命《えんめい》地蔵が祀られている。

山頂から尾根を北に進むと、まもなく七越の峰の公園広場に下る。春には山全体がサクラの花に覆われる。

林道をしばらく進んで右上の大峰奥駈道に入ると、すぐに七越峰の展望台に着く。熊野の山々が重畳と広がっており、足もとには熊

シダレザクラが植栽される七越の峰公園広場

■鉄道・バス
往路・復路＝JR紀勢本線紀伊田辺駅から龍神バス、明光バスで本宮大社前へ。またはJR紀勢本線新宮駅から奈良交通・熊野交通バスで本宮大社前へ。本宮大社前へはJR和歌山線五条駅から奈良交通バスでもアクセスできる。

■マイカー
紀勢道上富田ICから国道311号で熊野本宮大社前の世界遺産熊野本宮館駐車場（無料・トイレあり）へ。

■登山適期
新緑は4月下旬～5月上旬、紅葉は10月中旬～下旬、冬枯れの3月頃がベスト。

■アドバイス
▽大峰山脈には、靡（なぎ）とよばれる七十五カ所の霊地を訪ねる修験の道があり、俗に「大峰七十五靡」といわれている。本コースでは第一の本宮大社（本宮証誠殿）、第四の吹越山、第五の大黒岳（大黒天神岳）、第六の金剛多和を通過する。
▽六道ノ辻から上切原へのトラバース道の崩壊地には、迂回路が設けられている。
▽登山口近くに湯の峰やわたらせ、川湯などの温泉があり、宿泊に事欠かない。川湯温泉にはキャンプ場の川湯野営場木魂の里がある。

■問合せ先
熊野本宮観光協会☎0735・42・

野川と大斎原を俯瞰する。**吹越峠**《ふきこし》を経て快適に主稜線を進み、**吹越宿**に下る。林道を横切り、吹越山を経て奥駈道を進む。下ったところが**山在峠**《さんざい》で、すぐ先に宝《ほう》篋印塔《きょういんとう》がある。左下に熊野川を眺めながら、疎林帯の道を登っていく。快適に足を進めよう。狭くなった尾根道を進み、右手に森を眺めて進むと、**大黒天神岳**の山頂はすぐだ。

樹林の茂る大黒天神岳山頂をあとに奥駈道をいっきに下り、**六道ノ辻**《ろくどうのつじ》（金《こん》剛多和《ごうたわ》宿跡）に出る。傍らに役ノ行者像《えんのぎょうじゃ》が祀られている。まっすぐは五大《ごだい》尊岳《そんだけ》から玉置山《たまきさん》に向かう大峰奥駈道。ここでは、左の道を下る。

山腹を大きく巻きこみながら、緩やかに高度を下げる。やがて**上切原**《かみきりはら》の集落に出て、車道を左へ進む。**下向橋**《しもむかい》を渡り、**本宮大社前バス停**へと戻る。

0735、奈良交通十津川営業所（バス）☎0746・64・0408、龍神バス☎0739・22・2100、明光バス☎0739・42・3008、熊野交通（バス）☎0735・22・5101、道の駅奥熊野古道ほんぐう☎0735・43・0911、川湯野営場木魂の里☎0735・42・1168

■2万5000分ノ1地形図

伏拝・本宮

七越峰展望台からの熊野川と大斎原の森（手前右）の俯瞰

CHECK POINT

鳥居の向こうが熊野本宮旧社地の大斎原の森

備崎橋を渡って右へ。橋をくぐって尾根に取り付く

吹越宿で林道を横切り、吹越山への登りにかかる

山在峠の林道を横切ってすぐの場所に宝篋印塔が立つ

樹林の中の大黒天神岳山頂。2等三角点が埋まる

六道ノ辻（金剛多和宿跡）。石室に役ノ行者像がある

50 双耳峰の岩峰をつなぐ展望とスリルの岩稜歩き

嶽ノ森山・峰ノ山

だけのもりやま
みねのやま

376m（上ノ峰）
482m

日帰り

歩行時間＝4時間55分
歩行距離＝7・3km

技術度
体力度

コース定数＝**19**

標高差＝454m

累積標高差 717m 717m

上ノ峰（左）と下ノ峰（右）。岩峰は熊野酸性火成岩類が露出したもの

嶽ノ森山は、一枚《いちまい》岩で知られる古座川《こざがわ》峡から屹立する上《うえ》ノ峰《みね》（雄《お》嶽《だけ》）と下《した》ノ峰（雌《め》嶽《だけ》）の2峰からなる岩峰だ。古座川峡を訪れた江戸時代の儒者・斎藤拙堂《さいとうせつどう》は、古座川峡について、「両岸の怪巖《かいげん》奇峰《きほう》は交迭去来《こうてつきょらい》し、応接に暇あらず」と称賛している。ちなみにその際に斎藤拙堂は、一枚岩のことを「斎《さい》雲《うん》岩」、嶽ノ森山を「滴翠峰《てきすいほう》」と名付けている。

上ノ峰から蛇行する古座川を俯瞰する

道の駅一枚岩から車道を北西へ進むと、一枚岩トンネル入口の右脇に**嶽ノ森山登山口**がある。支尾根に取り付き、山腹をトラバースする。滝の上部に出て、一枚岩が両岸から迫るナメラ状の谷道に入る。ナメトコ岩のはじまりだ。ステップ状のくぼみに沿って、緩やかに谷を遡っていく。

やがて源頭近くになり、左の支尾根に取り付く。いっきに高度を上げ、峰ノ山と嶽ノ森山との稜線上の**変則十字路**に出て左へ。ロープ取り付けの露岩をよじ登ると、嶽ノ森山・**上ノ峰**の頂に着く。足もとに古座川と一枚岩、東に下ノ峰がそびえ、遠くに烏帽子山《えぼしやま》から大雲取山《おおぐもとりやま》、南に峰ノ山、北に大塔《おおとう》

■**鉄道・バス**

国道371号上にバス路線（古座川町ふるさとバス）があるが、登山には適していない。

■**マイカー**

紀勢道すさみ南ICから国道42号の串本町和深交差点を左折、県道39号・国道371号を経て一枚岩駐車場（無料・トイレあり）へ。

■**登山適期**

サクラの花の咲く3月下旬、新緑は4月中旬～5月中旬、紅葉は11月中旬～12月上旬がベスト。

■**アドバイス**

▽一枚岩は高さ100㍍・幅500㍍の1枚の巨岩で、国の天然記念物に指定されている。

▽道の駅一枚岩には、喫茶コーナーの一枚岩鹿鳴館がある。古座川源流域の天然水を使った、こだわり自家焙煎コーヒーがおすすめ。

▽ナメトコ岩にはステップ上のくぼみが付けられているが、雨後にはすべりやすくなるため、注意したい。

▽峰ノ山への縦走路は、周辺の樹木が伐採され登山道が薄くなっているが、尾根道を進めばよい。

▽峰ノ山から峯集落に下るルートがあるが、部分的にやぶに覆われているため、通行困難。

■**問合せ先**

古座川町産業建設課・古座川町ふるさとバス☎0735・72・0180、

CHECK POINT

後方に一枚岩を見送り、嶽ノ森山登山口へ

ステップ状のくぼみが付けられたナメトコ岩を登っていく

上ノ峰への登路。露岩をロープをもちながら登っていく

鞍部からやせ尾根を直上して、下ノ峰の岩場を巻き上がる

伐採地の尾根に出て、峰ノ山を目指して尾根道を歩く

豆腐岩。豆腐を規則正しく積み上げたようにも見える

山《さん》、法師山《ほうしやま》の大パノラマが広がる。

上ノ峰をあとに、嶽ノ森山のもうひとつのピーク・下ノ峰へ向かう。疎林帯の急斜面を下ると、鞍部右下に豆腐《とうふ》岩コースが分岐する。やせ尾根を直上し、大岩を巻き上がると岩峰の**下ノ峰**に出る。上ノ峰と同様、思いのままの眺望が開けている。

下ノ峰から**変則十字路**まで引き返し、直進して緩やかな起伏の稜線道を伝う。しばらく伐採地を進むと、**和深鶴川《わぶかつるかわ》林道**が合流する。林道を右上にとって、峰ノ山南のコルから南尾根を登ると、1等三角点の標石が埋まる**峰ノ山**の山頂に着く。山頂からの展望は期待できないが、三角点から西へ少し下ったところに展望地がある。

帰路は、**変則十字路**まで戻って、右下の豆腐岩コースに入る。上ノ峰と下ノ峰の南側斜面の道を、途中豆腐岩を左に見ながら国道へといっきに下る。相瀬《あいせ》橋の南詰を経て、**道の駅一枚岩**に帰り着く。

名勝・一枚岩の紅葉

串本タクシー☎0735・62・0695、道の駅一枚岩☎0735・78・0244
■2万5000分ノ1地形図
三尾川

八郎山を右正面に眺めながら疎林帯の道を歩く

51

八郎山

熊野古道・大辺路ルートを歩き、展望の山へ

日帰り

はちろうやま
２５０ｍ

歩行時間＝４時間
歩行距離＝12・８㎞

技術度

体力度

コース定数	＝16
標高差	＝247m
累積標高差	↗ 434m
	↘ 423m

古刹・大泰寺。入口に平維盛手植えのシイの大木がある

1等三角点の八郎山山頂。展望もよい

紀伊《きい》半島の南端に位置する八郎山は、３６０度の眺望と1等三角点の山として知られ、山腹には、熊野《くまの》古道《こどう》・大辺路《おおへち》の八郎峠越《ご》えの道が通じている。ここ大辺路には、古道が2ルート存在している。串《くし》本《もと》町田原《たはら》から清水《しみず》峠、休平《やすみだいら》峠を経て那智勝浦《なちかつうら》町太田《おおた》に抜ける海岸沿いの道、そして、串本町上《かみ》田原から八郎山山腹を経由して那智勝浦町中里《なかさと》に越える山側の八郎峠越えだ。諸説あるが、海岸沿いの道が「官道」で、浸水や風雨のため通行できなかった際は、山側の八郎峠越えが大辺路の機能を果たしたものと考えられている。

ＪＲ紀伊田原駅下車。国道42号を北上、田原川に架かる橋の手前を左折して**県道**に入る。正面に佐《さ》部《べ》城跡を見て三差路を右にとる。正法寺をすぎて、斜め右手の古道へ。民家が途切れたところが上田原側の**大辺路入口**で、左上に続く八郎峠越えの古道に入る。

■鉄道・バス
往路＝ＪＲ紀勢本線紀伊田原駅。
復路＝ＪＲ紀勢本線太地駅。

■マイカー
紀勢道すさみ南ICから国道42号を新宮方面に向かい、県道２３４号を経て串本町上田原へ。生活改善センター前に駐車スペースがある。

■登山適期
ツツジの花と新緑の４月中旬～５月上旬がベスト。秋から晩秋、冬の日だまり山行もよい。

■アドバイス
▽紀伊田原の森戸崎の海岸では、冷たい大気が温かい海水との温度差によって発生する、冬の風物詩・海霧を見ることができる。

田原海岸に立ちこめる海霧

▽時間が許せば、海岸沿いの大辺路ルートを帰路として設定してもよい。大泰寺をあとに休平峠を越えてＪＲ紀勢本線紀伊浦神駅、さらに清水峠を越えて紀伊田原駅に戻る。大泰寺（45分）休平峠（25分）紀伊浦

CHECK POINT

1 田原の民家が途切れたところで左手の「代官道」とよばれる古道に入る

2 土を何層も叩いて積み上げたという「版築構造」の尾根道を歩く

3 ツツジなどが茂る疎林帯の岩稜の道を登って八郎峠を目指す

4 おふき地蔵は亡くなった妹・おふきを弔うため、兄が建立したといわれる

5 中里側の大辺路入口には子抱き地蔵尊が祀られている。2台程度の駐車スペースがある

ウバメガシなど照葉樹林が茂る視界のない道を緩やかに高度を上げていくと、正面に八郎山を望む鉄塔下の好展望地に着く。ツツジなどが茂る疎林帯の道が続く。やがて、山腹を左にトラバースして鞍部を右へ。再び登ったところが**八郎峠**だ。峠には腹痛抑えのおふき地蔵が祀られている。

峠を右にとって岩尾根を登ると、**八郎山**山頂に着く。熊野灘が一望でき、太地《たいじ》湾から大島《おおしま》の海岸線が曲線を描いて俯瞰される。北には、妙法山《みょうほうざん》や烏帽子山《えぼしやま》、大雲取《おおぐもとり》山《さん》の山並みが重畳と波打っている。

帰路は**八郎峠**を右にとり、八郎山山腹をトラバースして、野葉《のは》の木《き》の三差路に出る。右うしろは庄《しょう》道《みち》へ、ここでは三差路を直進して岡山道《おかやまどう》に入る。緩やかに山腹を巻きながら、谷沿いの道を下る。

左手に地蔵尊がある中里側の**大辺路入口**から農道を進み、**T字路**を右にとる。入口に平維盛《たいらのこれもり》手植えのシイの大木がある古刹・**大泰**《だいたい》**寺**《じ》に立ち寄ったあと、**JR太地駅**かJR紀勢本線下里《しもさと》駅へ向かう。

神駅（30分）清水峠（50分）紀伊田原駅。

▽佐部城は、標高132メートルの中世の山城。戦国時代末期に古座方と新宮方で激しい戦があったとされる。

▽紀伊田原駅から徒歩10分、熊野灘に面した吉野熊野国立公園・荒船海岸の入口に、湯ノ谷温泉国民宿舎あらふねリゾートがある。

■問合せ先

古座観光協会☎0735・72・0645、湯ノ谷温泉国民宿舎あらふねリゾート☎0735・74・0124

■2万5000分ノ1地形図

紀伊勝浦・古座・下里

52

烏帽子山

えぼしやま
910m

那智川源流部にそびえる熊野の鋭鋒

日帰り

歩行時間＝5時間45分
歩行距離＝11・8km

技術度
体力度

コース定数	＝26
標高差	＝852m
累積標高差	↗1196m ↘1196m

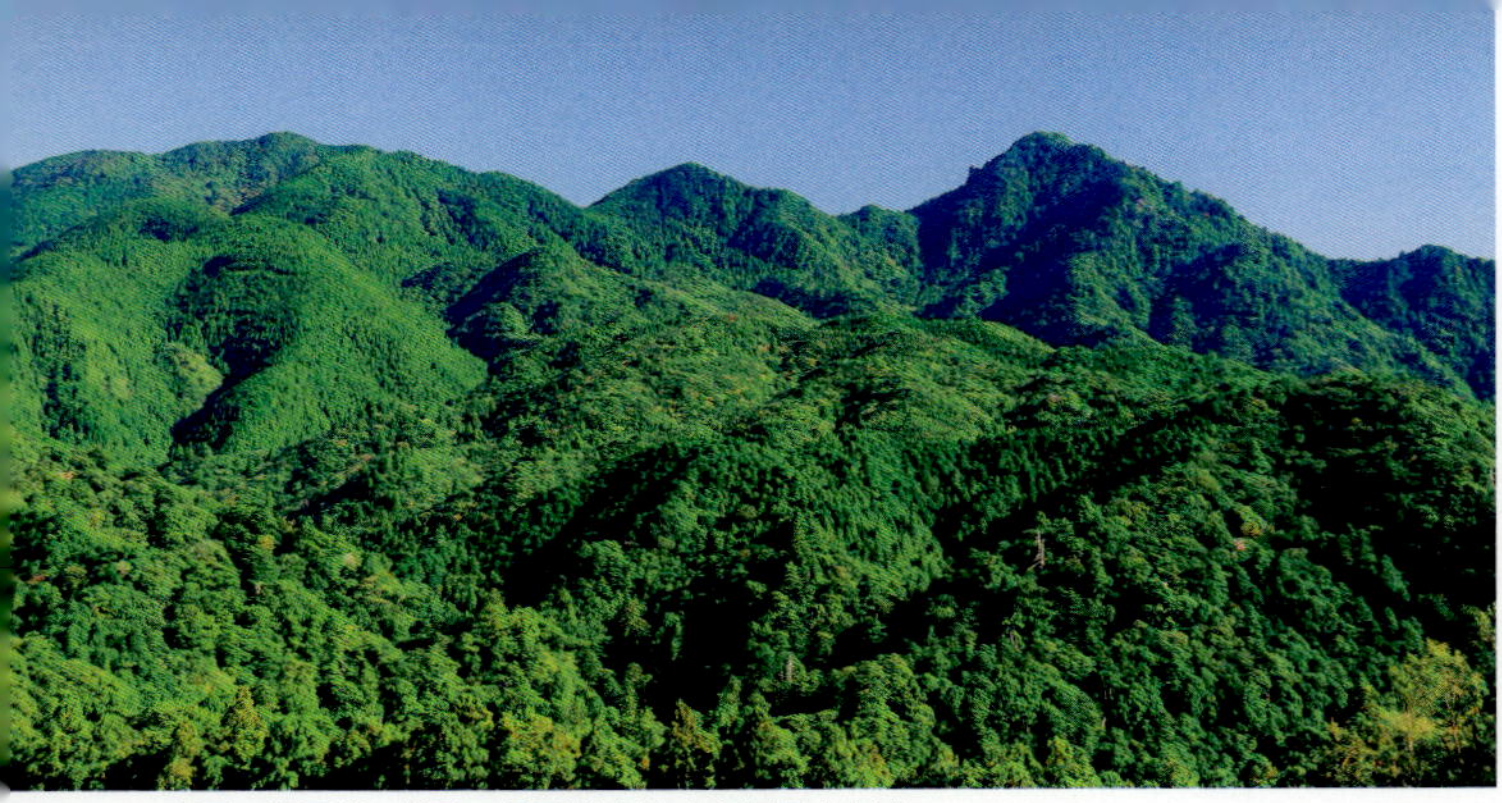

右肩に瓶子岩、左肩に帽子岩を抱く烏帽子山（右）

烏帽子山は熊野《くまの》の秀峰で、山頂直下の烏帽子の形に似た帽子《ぼうし》岩が山名の由来とされる。登山道は南面の陰陽《いんよう》の滝からのルートが知られているが、台風の影響で谷ルートが崩壊しているため、北面の高《たか》田《だ》からのルートを紹介する。

高田バス停下車。里《さと》高田川沿いの林道を大杭《おおくい》峠方面に向かう。大杭峠に向かう道は高田と市野々《いちのの》を結ぶかつての峠路で、古くには那智山詣での経路としてにぎわったという。**栂《とが》の平《だいら》橋**を渡ってすぐ、**林道終点**となる。

1等三角点の標石が埋まる烏帽子山山頂

帽子岩テラスから那智高原、熊野灘を望む

那智詣での古道を緩やかに登っていく。石仏を祀る小さな峠を越えて椿《つばき》谷を渡ると、すぐに**俵石《たわらいし》集落跡**に出る。苔むした大岩が目立ち、俵石の名の由来とされる、俵に似た大岩が多い。

やがて集落の中ほどの**俵石分岐**（烏帽子山登山口）に着く。まっすぐは大杭峠への峠路で、ここでは右上の烏帽子山登山道に入り、いよいよ烏帽子山への登りにかかる。広い沢沿いの道を登ると小さな鞍部に出て、左の尾根道に入る。高度が上がるとともに、露岩が目立ちはじめる。しばらくして明

■**鉄道・バス**
往路・復路＝JR紀勢本線新宮駅から熊野交通バスで高田へ。
■**マイカー**
紀勢道上富田ICから国道311・168号、県道230号を経て、新宮市高田で里高田川沿いの林道に入る。林道終点の駐車スペースへ。
■**登山適期**
通年。新緑は4月中旬～5月中旬、紅葉は11月中旬～12月上旬。
■**アドバイス**
▽俵石から大杭峠、瓶子尾根を経て烏帽子山に登るルートは、俵石と大

るく眺望が開けたコツカノ岩へ。熊野灘の眺望、烏帽子山から光《ひかり》ヶ《が》峯《みね》へと続く瓶子《へいし》尾根を望む。岩間をぬいながらいっきに高度を上げると、1等三角点の**烏帽子山**山頂に出る。山頂は樹林の中で展望は期待できない。山名の由来となった帽子岩まで足をのばそう。

山頂をあとに西尾根を少し下ると、山岳修験の祖・役《えん》ノ行者《ぎょうじゃ》が残していった帽子がそのまま岩となったと伝えられる帽子岩はすぐだ。ハシゴを上がり、**帽子岩**のテラスへ。眼下に陽光に輝く熊野灘の大パノラマが広がる。妙法山《みょうほうさん》から那智高原、大雲取越《おおくもとりご》えと続く山稜が思いのままだ。

帰路は往路を戻る。

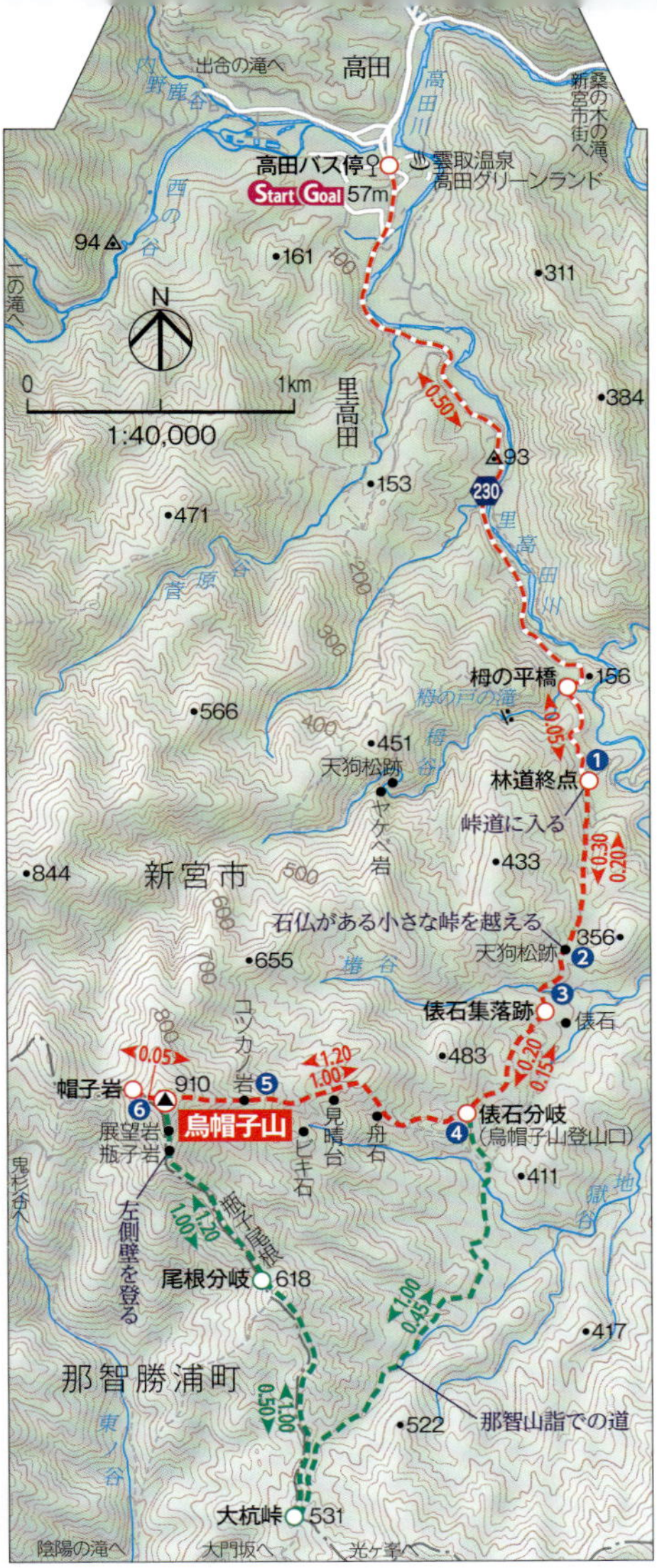

CHECK POINT

林道終点から、かつて那智山詣での経路として利用された大杭峠への古道へ

天狗松跡の峠に石像が祀られている

石垣が残る俵石集落跡

俵石集落中ほどの俵石分岐を右折して烏帽子山へ

熊野灘や瓶子尾根を望む眺望絶佳のコツカノ岩

山頂西直下からの帽子岩。クサリにつかまりテラスへ

杭峠間の踏跡が部分的に薄くなっている。地図・磁石は必携。俵石分岐（1時間）大杭峠（2時間20分）烏帽子山。

▽高田には高田グリーンランドを拠点に、雲取温泉、テニスコート、若者広場などの設備が整っており、宿泊もできる。

▽高田川には、桑の木谷に懸かる「日本の滝100選」の桑の木の滝をはじめ、ナル谷に懸かる二の滝、内鹿野谷に懸かる出合の滝などがあり、遊歩道が整備されている。桑の木の滝は、落差21メートル・幅8メートルで、遊歩道入口から滝まで約30分。

■問合せ先

新宮市観光協会☎0735・22・2840、那智勝浦町観光協会☎0735・52・5311、熊野交通（バス）☎0735・22・5101、高田グリーンランド雲取温泉☎0735・29・0321

■2万5000分ノ1地形図

新宮

熊野那智大社から光ヶ峯を望む

53

光ヶ峯

ひかりがみね
686m

那智山詣での古道から那智権現が天下った山へ

日帰り

歩行時間＝4時間15分
歩行距離＝6・2km

技術度
体力度

コース定数	＝**18**
標高差	＝593m
累積標高差	↗ 820m / ↘ 820m

　光ヶ峯は大雲取山《おおぐもとりさん》、妙《みょう》法山《ほうざん》とともに那智《なち》三峰のひとつで、那智権現が天下った山とされる。山名については『紀伊国《きいのくに》名所図絵』に、「神光を放ちしによりて、光ヶ峰と名づけし」と記されている。ここでの「光り」は、光ヶ峯から昇る朝日を表している。熊野《くまの》那智大社別宮の飛瀧《ひろう》神社境内に瑞垣《みずがき》で囲われた「光り石」が祀られており、那智の扇《おうぎ》祭りでは、この前で光ヶ峰遥拝神事が行われる。

　大門坂《だいもんざか》駐車場前バス停から旧参道に出て、那智川に架かる二《に》の瀬《せ》橋を渡って左へ。内《うち》の川の砂防ダム直下に向かう。砂防堤直下の左手に、大杭峠《おおくい》への古道入口がある。大杭峠は市野々《いちのの》と山向こうの高田《たかだ》の集落を結ぶ峠路で、古くには那智山詣での経路としてにぎわったという。

　竹林の中の急坂を登って、山腹の道をたどる。しばらく緩やかな道が続いたのち、ジグザグの急坂道となる。シダが茂っているが、人の往来、物資の交流でにぎわった苔むした石畳や石段が随所に残り、た様子がうかがえる。標高400《メートル》付近で小さな尾根を乗っ越すと、緩やかな山腹沿いの道が続く。

　やがて、スギの植林に囲まれた小広い台地の**大杭峠**に登る。まっすぐの道は俵石から高田方面、左は瓶子《へいし》尾根を経て烏帽子山《えぼしやま》へ。ここでは、右の光ヶ峯への縦走路ルートに入る。

　峠からしばらく進むと、背後に瓶子尾根と烏帽子山がせり上がってくる。小さな起伏のアップダウンが続き、緩やかに高度を上げていくと、ツツジなどが茂る低木帯の**光ヶ峯**の頂に着く。

　山頂からは、低木のすき間越しに妙法山や那智高原、大雲取越《ご》えの山稜、さらに青岸渡寺《せいがんとじ》や熊野那

那智高原の朝焼け（左から烏帽子山、大杭峠、光ヶ峯）

■鉄道・バス
往路・復路＝JR紀勢本線那智勝浦駅、またはJR紀勢本線那智駅から

大杭峠への道。かつての那智山詣でを思わせる苔むす石段が時おり姿を現す

智大社、三重塔が指呼できる。左手には、那智の浜の海岸線と熊野灘がまぶしく輝いている。『紀伊国名所図絵』には、「山頂に一ノ池あり、今は水枯れて無し」と記されているが、見るかぎり池らしいところはない。

帰路は往路を戻る。

CHECK POINT

大門坂駐車場。熊野古道・大門坂から大雲取越えに向かう登山基地

大門坂に向かう旧参道の熊野古道を那智駅方面に向かう。すぐが二の瀬橋

砂防堤の左手前から古道に入っていく

杉林が続く大杭峠越えの道を行く

大杭峠。右にとって光ヶ峯を目指す（写真では直進）

光ヶ峯山頂。那智三峰のひとつ妙法山が見える

熊野交通バスで大門坂駐車場前へ。

■マイカー
紀勢道すさみ南ICから国道42号を新宮方面に向かい、那智勝浦新宮道路那智勝浦ICから大門坂駐車場（無料・トイレあり）へ。

■登山適期
新緑は4月下旬～5月中旬。積雪がほとんどなく、夏の暑い時期を外せば一年を通じての登山が楽しめる。冬の日だまり山行もよい。

■アドバイス
▽大杭峠の登山口は内の川の砂防ダム直下の左手にある。時期によってはシダが茂っていて入口の踏跡が薄くわかりにくいが、道は登るほどによく踏み固められてくる。
▽標高400㍍を越えたあとの小さな谷のトラバース道には小さな崩壊が見られるが、通行には支障はない。
▽登山口近くには日帰り温泉の「熊野の郷」、那智駅には那智駅交流センター「丹敷（にしき）の湯」がある。

■問合せ先
那智勝浦町観光協会☎0735・52・5311、南紀勝浦温泉旅館組合☎0735・52・0048、熊野交通（バス）☎0735・22・5101、熊野の郷☎0735・55・0088、那智駅交流センター「丹敷の湯」☎0735・52・9201

■2万5000分ノ1地形図
新宮・紀伊勝浦

●著者紹介

児嶋弘幸（こじま・ひろゆき）

1953年和歌山県に生まれる。20歳をすぎた頃、山野の自然に魅了され、仲間とともにハイキングクラブを創立。春・夏・秋・冬のアルプスを経験後、ふるさとの山に傾注する。紀伊半島の山をライフワークとして、熊野古道や自然風景の写真撮影を行っている。

共著に『関西百名山地図帳』『関西周辺の山250』（山と溪谷社）、『日帰り山あるき 関西』『山歩き安全マップ』（JTBパブリッシング）など多数あるほか、雑誌『山と溪谷』誌への寄稿も多い。2016年、大阪富士フォトサロンにて「悠久の熊野」写真展を開催。堺よみうり文化センター主催の「地図読みテクニック入門」講師も務めている。

分県登山ガイド29

和歌山県の山

2018年 3月 1日 初版第1刷発行

著　者 —— 児嶋弘幸
発行人 —— 川崎深雪
発行所 —— 株式会社 山と溪谷社
〒101-0051
東京都千代田区神田神保町 1 丁目 105 番地

■乱丁・落丁のお問合せ先
山と溪谷社自動応答サービス　TEL03-6837-5018
受付時間／10:00-12:00、13:00-17:30（土日、祝祭日を除く）

■内容に関するお問合せ先
山と溪谷社　TEL03-6744-1900（代表）

■書店・取次様からのお問合せ先
山と溪谷社受注センター
TEL03-6744-1919　FAX03-6744-1927
http://www.yamakei.co.jp/

印刷所 —— 大日本印刷株式会社
製本所 —— 株式会社明光社

ISBN978-4-635-02059-6

●乱丁、落丁などの不良品は送料小社負担でお取り替えいたします。
●定価はカバーに表示してあります。

●編集
吉田祐介

●ブック・カバーデザイン
I.D.G.

● DTP
株式会社 千秋社（竹入寛章）

● MAP
株式会社 千秋社（細井智喜）

■本書に掲載した地図は、国土地理院長の承認を得て、同院発行の数値地図（国土基本情報）電子国土基本図（地図情報）、数値地図（国土基本情報）電子国土基本図（地名情報）、数値地図（国土基本情報）基盤地図情報（数値標高モデル）及び数値地図（国土基本情報 20 万）を使用したものです。（承認番号 平 29 情使、第 959 号）

■各紹介コースの「コース定数」および「体力度のランク」については、鹿屋体育大学教授・山本正嘉さんの指導とアドバイスに基づいて算出したものです。

■本書に掲載した歩行距離、累積標高差の計算には、DAN 杉本さん作製の「カシミール3D」を利用させていただきました。